Mon Chéri

et mon Psy

Thierry VITTEAU

ISBN : 9791095504023

ISBN-13 : 979-10-95504-02-3

Avertissement

Les personnages et les situations de ce récit sont purement fictifs.

Table des matières

A Elisabeth,

sans qui ce livre n'aurait jamais vu le jour.

Prologue

Sheila ; Adam et Eve

— On dirait la voix de Sheila, tu ne trouves pas ? demande Marc, pas très sûr de lui.

La petite sono, réglée sur Radio Nostalgie, diffuse un vieux tube des années soixante-dix, plus très en vogue aujourd'hui.

— Je n'imaginais pas Sheila parler d'Adam et Eve dans une de ses chansons ! poursuit-il, un peu surpris.

J'éclate de rire, avant de lui préciser :

— Tu sais, ne t'attends pas à un cantique religieux, Sheila n'évoque ni paradis, ni serpent, ni le moindre fruit défendu !

Il me regarde, et me demande, l'air déçu :

— Mais alors, cette chanson elle parle de quoi ?

De nouveau, je me mets à rire.

La salle de restaurant où nous buvons l'apéritif, en attendant d'être servis, est bondée, et le brouhaha des conversations empêche de saisir le reste des paroles de la chanson.

Le restaurateur, particulièrement accueillant, nous a fait asseoir sur deux tabourets devant le bar, et nous a promis que le serveur viendrait nous chercher dès qu'une table se libérerait. Tout cela lui a semblé très naturel. Il doit avoir l'habitude d'afficher complet et de faire attendre les clients en leur proposant de boire un verre au comptoir. Je croyais que ces places étaient réservées aux habitués, et sans l'accueil chaleureux du patron, je n'aurais jamais osé me percher sur un de ces sièges en sirotant un verre de bordeaux, surtout vêtue d'une petite robe de soirée légèrement sexy.

Mon compagnon, qui adore être assis en hauteur, et apprécie les bons vins, paraît parfaitement à l'aise. Et lorsqu'il est bien, il devient loquace. Même si le cadre s'y prête peu, la conversation continue de tourner autour des aventures d'Adam et Eve.

— C'est étonnant comme les gens en ont fait une anecdote sans grand intérêt, alors qu'il s'agit tout de même du mythe fondateur de l'humanité.

— Quoi ?

La question a jailli spontanément du fond de mon être et il me regarde l'air étonné. Un peu gênée de l'avoir interrompu aussi brutalement, je lui avoue ma surprise en l'entendant parler d'un tel sujet ici. Ce doit bien être la première fois que ce comptoir est témoin de ce genre de discussion. Mais, imperturbable, il continue sur sa lancée :

— En réalité, tout ce que l'être humain a toujours voulu savoir sur le fonctionnement de nos sociétés est contenu dans ce texte !

— Tu veux dire que l'histoire de l'humanité se résumerait à cette affaire de pomme qu'Eve aurait croquée, cédant ainsi aux désirs charnels ?

A présent, c'est lui qui éclate de rire en entendant mon explication.

— Je me moque de toi, Léna, mais après tout, ce que tu dis n'est pas si bête. Si on se base sur les émissions de télé-réalité actuelles, tu as raison de dire que le monde tourne autour du sexe !

Et de nouveau, il se met à rire. Les gens, autour de nous, doivent nous imaginer en train de raconter des histoires drôles, et ils seraient bien surpris d'entendre le sujet de notre conversation. Reprenant un ton plus sérieux, il poursuit :

— Je ne vois pas d'où vient cette histoire de pomme à propos d'Eve, ni pourquoi elle est associée aux relations sexuelles. Je ne sais pas non plus qui l'a inventée, pourtant tout le monde s'y réfère, sans qu'on en trouve la moindre trace dans les récits bibliques. A notre époque de surinformation, ça m'étonne toujours un peu de voir les gens colporter de telles balivernes.

— C'est peut-être une image ? dis-je, pour me racheter d'avoir participé involontairement à la propagation d'un tel malentendu.

— Bien sûr, tu as raison. Le mythe de la création est une succession d'images qui nous aident à comprendre l'origine de toutes choses. Cependant, celle de la pomme n'en fait pas partie. Dans le livre de la Genèse, il y a bien un homme, une femme, même un serpent, mais pas de pomme !

— Et moi, je me souviens bien d'un reptile persuadant Eve d'en croquer une. On voit régulièrement cette illustration dans les magazines, dès qu'il est question du Paradis.

— Je sais, concède-t-il, légèrement dépité. Pourtant, dans le récit biblique, Dieu cite juste un arbre de la connaissance, jamais un pommier. Ensuite, il y a bien un serpent parlant à l'oreille d'Eve, par contre il n'est jamais question de sexe dans son discours. En réalité, il lui propose de manger un fruit qui aurait le pouvoir d'ouvrir l'intelligence. Grâce à lui, les êtres humains pourraient se débrouiller tout seuls sur terre, sans avoir besoin d'écouter Dieu.

Le patron du restaurant, voyant nos verres vides posés sur le zinc, nous interrompt en nous proposant de nous resservir :

— Allez, c'est ma tournée, pour me faire pardonner de cette attente interminable !

Je lui explique qu'il est très aimable, mais j'hésite, de peur de ne pas rester lucide très longtemps, si je bois un deuxième verre de bordeaux.

— J'ai une idée, je vais vous apporter quelque chose à grignoter, ça vous évitera de trop tanguer, lance-t-il en s'éloignant.

Le temps de trinquer à cette soirée improvisée, et déjà le patron revient avec une assiette de charcuterie d'Auvergne accompagnée d'un grand bol de salade verte.

— A la bonne franquette ! Je vous ramène un peu de pain.

A son retour, nous le remercions pour son accueil, et lui assurons que nous sommes comblés. Puis j'ajoute, l'air satisfaite :

— Si l'on ne dérange pas ici, ce n'est pas la peine de nous chercher une autre place, on se sent vraiment bien attablés, un peu à l'écart.

— Alors, je vous laisse en amoureux, et bon appétit !

Je ne me fais pas prier, j'avale plusieurs rondelles de saucisson à la suite, pour tenter d'apaiser le roulis qui s'est emparé de ma tête. Une fois le calme revenu, je me tourne vers mon compagnon, et lui souhaite un bon appétit, à mon tour. Il me sourit tendrement, conscient du trouble dû au vin. De son côté, il continue à déguster le bordeaux, comme insensible aux effets de l'alcool.

— Ce n'est pas courant de se retrouver là, attablés au comptoir comme deux poivrots, à disserter des relations d'Adam et Eve avec un serpent ! me dit-il, d'un air amusé.

— A propos, pourquoi un serpent ? N'est-ce pas un peu bizarre cette bête répugnante venant murmurer à l'oreille d'Eve ? Moi, à sa place, je me serais sauvée en hurlant de terreur !

— Je te comprends, et Eve aurait mieux fait de réagir ainsi ! reprend-il, toujours sur le ton de la plaisanterie.

Puis, redevenu sérieux, il tente de justifier le choix de cet animal repoussant :

— Tu sais, quand notre mental ressasse les mêmes doutes, les mêmes rancœurs, et que ça tourne sans fin, cela ressemble trop à des sifflements de serpents. En plus, quand ces reptiles tiennent une proie, ils ne la lâchent plus, à la manière de pensées obsédantes tournoyant dans nos pauvres têtes. C'est l'avantage de la mythologie, l'image d'un simple serpent traduit bien mieux les cogitations de Eve que ne l'auraient fait d'interminables explications philosophiques.

— Et le fameux fruit alors, il représente quoi ?

— Comme je te le disais tout à l'heure, le serpent promet à Eve de devenir capable de se débrouiller seule, de satisfaire toutes sortes d'envies sans avoir besoin de demander l'avis de Dieu.

— Tu veux dire que tous nos problèmes viendraient de cette volonté de suivre nos penchants ?

— C'est un peu cela ! Dieu a inscrit sa pensée dans nos cœurs pour nous aider à avancer dans la vie. Il suffit d'y être attentif pour faire les bons choix et prendre les bonnes décisions. L'orgueil, au contraire, nous égare en nous poussant à chercher nos propres solutions. Il nous éloigne chaque jour un peu plus de Dieu, de notre âme, et pour finir de nous-même. Un peu comme le serpent a réussi à séparer Eve de son Créateur avant de la plonger dans le malheur.

— Mais alors, le serpent de la Bible ne serait qu'une image de notre orgueil ?

— C'est fort possible !

Pendant que nous dissertions sur le devenir du monde, le petit restaurant s'est vidé. A présent nous faisons partie des derniers clients et le serveur plus disponible prend le temps de venir nous voir.

— Désolé, aucune table ne s'est libérée à temps, et après, j'ai bien compris que c'était trop tard pour vous installer dans la salle du restaurant. Si vous voulez, il me reste deux mousses au chocolat. Du fait maison.

Nous nous consultons d'un regard gourmand.

— Va pour les deux crèmes, s'exclame Marc. Ce sera une conclusion parfaite pour terminer cette délicieuse soirée.

1 – En pleine crise de la quarantaine

« … quelque chose en toi ne tourne pas rond.

Un je ne sais quoi qui me laisse con…

… Car ça, c'est vraiment toi,

Ça se sent,

Oui ça, c'est vraiment toi… »

Groupe Téléphone ; C'est vraiment toi

La chanson du groupe Téléphone hurle à tue-tête, résonnant dans l'appartement vide. Rien de tel que cette musique entraînante pour me donner un peu de cœur à l'ouvrage. Et du courage, il en faut ce matin pour dégraisser les murs de la cuisine et décrasser les recoins de la salle de bains. Le locataire précédent a laissé l'appartement dans un état proche de l'insalubrité !

Je veux que tout soit nickel, car mon chéri débarque ce soir, avec pour tout bagage : un matelas, un sac de couchage et quelques outils pour m'aider à emménager. Heureusement, il a l'habitude de voyager léger et de dormir à la dure. Une fois le ménage terminé, je préparerai un petit pique-nique aux chandelles, sur une nappe posée à même le sol de la future salle à manger. Pour le moment, le mobilier se résume à une caisse en plastique, sur laquelle j'ai posé mon petit carnet à secrets et un stylo bille. Je l'ai placé là à portée de la main, pour pouvoir y noter les premières impressions de cette nouvelle vie, prises sur le vif. En le feuilletant, le temps d'une petite pause, je redécouvre ce que j'écrivais, il y a tout juste un an :

« 40 ans… Est-ce l'âge pour débuter un journal ? Pourtant, il semble que j'ai besoin de mettre par écrit mes sentiments, mes joies, mes peines, ma vie quoi !

Un nouveau cap arrive, une nouvelle vie s'ouvre devant moi. Peut-être est-ce le passage vers une certaine maturité ? … il le faudrait !

C'est surtout le besoin de dire à quelqu'un mes états d'âme, car à 40 ans, s'il y a quelque chose dont je suis sûre : c'est qu'on est seule face à ses états d'âme. Se confier à quelqu'un de fiable, de toujours présent, relève de l'impossible. Alors pourquoi ne pas coucher sur le papier, mes émotions !

Trouver un confident, peine perdue, on est toujours seul face à soi-même ! »

Quelques pages plus loin, je retrouve ce problème lié à la solitude qui semblait me préoccuper à l'époque :

« Confiance, un mot qu'il est difficile de mettre en pratique dans la réalité. Et puis de nos jours où l'individualisme est roi, qui voudrait écouter ce que moi, une simple femme, aurait à lui dire ?

Pourtant, sur la longue route de la vie, il y a des personnes attentives pour un instant, quelques instants. J'en ai rencontré au cours des années passées, elles m'ont apporté du réconfort, de l'amitié. Je les garde dans un coin de ma mémoire, et ne les oublierai jamais, même si nos destinées nous ont séparés depuis. Mais sur ce chemin, il y a aussi des personnes qui m'ont fait, et me font encore souffrir. Pourquoi ? Je ne sais pas, la réponse serait peut-être qu'elles ne m'aiment pas. Bon, eh bien tant pis, pourquoi vouloir être appréciée de tout le monde ?

D'accord, mais qu'elles me laissent au moins tranquille, et ne mettent plus de planches savonneuses sous mes pieds en espérant que je trébuche. »

Tout cela résume parfaitement mes convictions sur la difficulté de vivre avec les autres, le plus compliqué étant de leur faire confiance. Face à des décisions capitales, nous nous retrouvons toujours seuls pour trancher. Et en plus, on a beau tourner les problèmes dans tous les sens, on n'est jamais certain de faire les bons choix. Parfois, j'ai passé des nuits entières à ruminer : devais-je confier à mon mari mon découragement devant la lente agonie de notre couple, ou au contraire, continuer à faire comme si tout allait bien pour sauver les apparences ?

Parfois je m'endormais, après des heures de cogitations, avec la ferme intention de crever l'abcès, mais au réveil, ma détermination avait cédé la place au doute. Pourquoi prendre le risque de tout détruire quand on a une petite vie bien tranquille ?

Par comparaison à beaucoup d'autres amies, je pouvais difficilement me plaindre de ma situation.

Heureusement, il y a des passages moins sombres dans ce journal, comme celui concernant mon amie d'enfance :

« Une des personnes présentes dans ma vie depuis toujours, c'est Sabine. Nous en avons vécu des bons moments ensemble, en compagnie de son frère et de ses parents, et ils ont toujours représenté une sorte de famille d'adoption, me permettant d'échapper de temps en temps à ce triste sort d'enfant unique. Elle est gaie, dynamique, pleine de vie. Lorsque je passe quelques jours avec elle et les siens, j'aime à dire que je me ressource parmi eux. Je sais qu'elle sera toujours là, et j'en suis profondément heureuse. Penser à lui souhaiter son anniversaire, une attention qui réjouit le cœur. Il y a des plaisirs tout simples, reste à savoir les offrir à propos. Il faut donner beaucoup pour recevoir un peu !

Une famille, peut-être est-ce la chose qui me manque le plus ?

Bien entendu j'ai la mienne, mais sans frère ni sœur, et en plus avec un père taciturne, c'est un peu limité. Je n'avais que ma mère comme confidente. Avec ma « famille d'adoption », comme je le dis souvent, je prends le bon côté des choses, pas besoin de gérer le reste. »

Le paragraphe suivant est plus léger, et me rassure un tant soit peu sur mon état d'esprit, dans cette période cruciale de la quarantaine :

« Un des petits bonheurs de la vie est de s'occuper de soi. Une heure chez mon esthéticienne, voilà une heure de détente rien que pour moi. Je sais qu'il faut profiter de ces moments égoïstes, et je le fais dès que possible. Les séances au Spa en font partie, ainsi que les visites chez le coiffeur. »

Ah, le coiffeur. Je crois que depuis mon enfance, j'ai toujours eu de mauvais rapports avec eux, ils me coupent les cheveux beaucoup trop courts. Après tout quelle importance, ça repousse tellement vite !

A cette époque-là, il y avait plus grave dans ma vie : telles ces tensions sur mon lieu de travail, comme dans mon couple :

« Aujourd'hui, repos, pas de collègues stressants, pas de mauvaises ondes qui me passent à travers le corps et l'esprit, c'est mercredi. Une journée de zen attitude !

40 ans, est-ce l'âge de la sagesse ?

Je crois que oui, pourtant au travail la vie est

plutôt difficile. Je sais que pour gagner quelques sous, il faut affronter des moments pénibles, mais au bureau le stress m'entoure, me gâche la vie. Ces angoisses que des collègues ne savent pas gérer en les déversant sur les autres, j'essaie de les évacuer car elles produisent de mauvaises ondes qui m'empoisonnent. Une fois seule, je relativise, pourtant ces pensées négatives s'accrochent à moi. En plus, dans mon couple, le quotidien éteint de plus en plus la flamme des premiers instants, je sais que je peux compter sur mon mari, malheureusement, ce n'est plus comme avant. »

Je n'en reviens pas, j'ai écrit cela l'année dernière !

Et aujourd'hui, je suis là, dans cet appartement vide, attendant avec impatience l'homme que j'aime, et pour qui j'ai tout quitté.

Le soleil est sur le point de se coucher, et des traces d'eau, abandonnées par la serpillière, ne veulent pas sécher, malgré la douceur de la température. Tant pis, je vais laisser les fenêtres ouvertes, le temps d'aller acheter de quoi préparer notre premier repas dans ce nouveau nid. C'est un gros effort pour moi, avant je n'aurais jamais pu quitter la maison sans avoir vissé le robinet du gaz, débranché les prises électriques et fermé les volets roulants. A nouvelle vie, nouvelles mœurs !

De retour des courses, j'ai à peine le temps de préparer le repas, que déjà la sonnette de l'entrée retentit. J'ouvre ; un grand sourire illumine le visage de Marc. Je me blottis contre lui !

Le bonheur parfait : se coller contre l'homme que l'on aime. Ses bras m'enlacent, me serrent très fort, puis il m'écarte de lui, me regarde dans les yeux sans dire un mot, et m'embrasse goulûment. J'interromps son baiser passionné, trop impatiente de lui faire découvrir l'appartement.

— Viens vite, tant qu'il fait encore jour.

Et je l'entraîne joyeusement par la main.

— Là, c'est la salle de séjour, on pourra mettre le canapé dans ce coin. Et là, la cuisine. Comme tu vois, il faudra tout refaire, du sol au plafond !

Il me reprend dans ses bras, et me fait tourner comme pour une valse avant de s'étonner :

— Ce n'est pas si sale que tu disais !

— T'exagères ! J'ai tout lavé, même les murs.

— Mais alors, tu as de l'eau ?

— Oui même de l'eau chaude, il ne manque que le gaz et l'électricité.

— Je vois bien, tu as même préparé les chandelles pour le repas !

En effet deux bougies trônent sur la nappe étalée à même le sol, prêtes à être allumées. Je les ai placées de chaque côté des verres sur des bougeoirs en toc que je viens d'acheter pour l'occasion au supermarché local. Dans deux assiettes en carton, des lamelles de saumon fumé sont disposées en éventail, et décorées de petits cubes d'avocat et de citron.

— Tu vois, j'ai fait avec les moyens du bord !

— C'est un vrai dîner de fête, et ça tombe bien car voilà un cadeau qui ira parfaitement avec !

En même temps, il me tend une bouteille de champagne qu'il vient de sortir de l'un de ses sacs. En la prenant je lui demande :

— Dois-je comprendre qu'on finira cette visite plus tard ?

— Tu as parfaitement compris, ma chère Léna, et maintenant : Champagne !

Dans un claquement sec, le bouchon va heurter le plafond, tandis que le liquide pétillant jaillit de la bouteille, baptisant joyeusement notre nouvel appartement. La vie comme je l'ai toujours rêvée, un bonheur simple, des rires, de la tendresse et beaucoup de complicité. Nous dégustons un fondant au chocolat lorsque mon téléphone se met à sonner :

— C'est mon ex-mari !

« Oui, allô ? »

« *La petite dernière pleure, elle réclame sa maman, impossible de la calmer.* » ; cela sent le chantage, la vengeance. Mon ex-mari sait trop bien que j'ai mauvaise conscience, et qu'il n'aura aucun mal à me manipuler en se servant des enfants. Me tournant vers Marc, je lui avoue à contrecœur :

— C'est dommage, mais il faut vraiment que j'y aille, de toute façon la soirée est gâchée. Demain matin, j'apporterai des croissants !

A la maison tout est comme d'habitude, mon ex-mari et notre aîné sont affalés devant le téléviseur. Ils ne se tournent même pas vers moi lorsque je lance un bonsoir timide. La plus jeune dort, tout habillée, au bout du canapé. Je la prends dans mes bras, et vais la coucher dans sa chambre, puis sans un mot, je monte jusqu'au grenier où j'ai élu domicile depuis quelques semaines. Un canapé, trop usagé pour le salon, m'y sert de lit, et un vieux miroir, posé sur un buffet en

Formica, fait office de coiffeuse. Je n'ai aucune habitude des soupentes, et chaque fois que j'entre dans la petite pièce mansardée, je heurte une des poutres apparentes. Du coup, je me retrouve affalée dans le canapé, la tête résonnant comme une cloche d'église avant la messe. Heureusement, c'est une des dernières nuits que je passe dans ce réduit sombre et froid. Bientôt, mon nouveau nid sera prêt à me recevoir.

La boulangerie est déserte un samedi matin de si bonne heure. J'ai préféré quitter mon triste repaire avant le réveil de toute la maisonnée, pour éviter les remarques désobligeantes et les questions sournoises. La boulangère profite de ce moment calme pour ranger les pains encore chauds sur les différentes étagères. Elle demande ce que je désire, uniquement pour me faire patienter, car au lieu de me servir, elle continue d'installer méthodiquement sa marchandise. Plus tard, quand les clients commenceront à affluer, elle n'aura sûrement plus le temps de le faire calmement. La prochaine fois, je saurais que l'on peut attendre, même dans une boulangerie vide. Mais en arrivant si tôt, on a l'avantage de trouver des croissants bien chauds et des ficelles croustillantes.

N'ayant pas encore réalisé que je suis chez moi, je frappe à la porte de l'appartement. Aucune réponse. La porte n'étant pas fermée à clef, j'entre en m'écriant :

— C'est le boulanger !

Mon chéri n'est pas très matinal : tout ébouriffé, vêtu d'un tee-shirt XXL et d'un caleçon, il émerge de la chambre. Comme hier soir, je me blottis contre lui. Son corps est encore imprégné de la chaleur de la couette, et j'ai l'impression de me trouver dans un cocon de tendresse. Je parviens tout de même à murmurer :

— Comme on n'a rien pour faire le café, j'ai acheté du jus d'orange.

Pour toute réponse, il m'embrasse sur la bouche en me serrant encore plus fort contre lui. Puis sans transition il m'interroge :

— Dis-moi, quel est le programme de la journée ?

— A dix heures un technicien d'EDF doit venir pour le compteur, ensuite destination Brico-Dépôt pour choisir le papier peint de la cuisine et celui de la chambre des enfants. Au fait hier soir, je n'ai pas terminé le tour du « propriétaire » !

Je le prends par la main, et le conduis dans la chambre où il a installé son matelas pour la nuit.

— Tu as eu du nez, tu as dormi dans notre future chambre ! dis-je admirative.

Tu vois, la tapisserie est presque neuve, il suffirait de remplacer cet horrible lino par un parquet flottant pour rendre la pièce vraiment agréable.

— Pas de soucis, dans une autre vie j'étais menuisier. Je t'embauche comme apprentie !

Et m'attrapant par la taille, il me fait basculer sur le matelas posé à même le sol.

— Arrête, on n'a pas terminé la visite, et le gars d'EDF va arriver.

— Tu es horrible dans le rôle de patronne !

Sourde à sa remarque, je me relève, et l'entraîne dans la pièce contiguë.

— Là, ce sera l'une des chambres d'enfants. Bon tu vois, il faut tout refaire, du sol au plafond. C'est dans un sale état !

— Heureusement que j'ai pris une semaine de congés !

— Tu penses que ce sera terminé avant le week-end prochain ? Sabine et son mari viennent nous aider à déménager samedi matin, et je récupère les enfants dimanche soir.

— Sois tranquille, on aura largement le temps de

tout remettre en état avant le déménagement, sinon on travaillera aussi la nuit ! affirme-t-il, l'air parfaitement serein.

— Excuse-moi d'être un peu anxieuse, tout cela est tellement nouveau pour moi.

Pour me rassurer, il prend mon visage entre ses mains, et me dépose un baiser sur les lèvres. Quand il est là, près de moi, il me semble que tout est simple. Mais la nuit dernière, toute seule dans mon lit, j'ai peiné à m'endormir ; des tas de craintes et de sombres pensées tournaient en boucle dans ma pauvre tête.

Nous continuons la visite par la salle de bains, qui est en bien piteux état, j'ajoute aussitôt que le propriétaire m'a promis de se charger des travaux. Conscient du triste état dans lequel l'ancien locataire a laissé l'appartement, il se sent un peu dans l'obligation de faire un effort, au moins pour cette pièce. En conclusion de cet état des lieux, je lui résume la situation :

— Pour nous, le plus gros du travail sera de refaire la cuisine : il faut tout décaper, reboucher les trous, repeindre le plafond, tapisser, et enfin, changer le sol.

— On ferait peut-être mieux de tout raser et de tout reconstruire ! dit-il, d'un ton moqueur.

Après une journée harassante faite de rendez-vous, de démarches administratives, de prises de mesures des différentes pièces de l'appartement, et d'achat de matériaux, nous nous asseyons chacun sur un énorme pot de peinture. Installés là, en plein milieu des rouleaux de papier peint et des lames de parquet, nous nous regardons, épuisés, mais heureux du travail accompli. Tout à coup, un sourire éclaire ses yeux et il me demande :

— Que dirais-tu d'aller au restaurant ?

— Super, je meurs de faim !

— Et si on se payait un bon steak, bien rouge, histoire de recharger les batteries ? Tu connais un bon resto pour ça ?

J'acquiesce d'un signe de la tête.

— Alors en route ! lance-t-il, en joignant le geste à la parole.

Rassemblant mes dernières forces, je prends les clefs de la voiture, et le suis dans l'escalier. Par chance, une collègue m'a récemment parlé du Resto du Boucher, un restaurant spécialisé dans la viande rouge, et qui vient d'ouvrir à la sortie de la ville.

Un samedi soir, à cette heure un peu tardive, nous avons beaucoup de chance de trouver une table libre dans un recoin tranquille. Marc commande deux coupes de champagne :

— Trinquons à notre nouvelle vie, décrète-t-il, avec entrain.

La fatigue, le champagne et le vin de Bordeaux qui accompagne la viande rouge, me font tourner la tête. Je parle de moi, de mes envies, de mes déceptions comme jamais auparavant. Avec mon ex-mari, les repas au restaurant étaient longs, lents, presque pesants, à tel point que j'appréhendais ses invitations pour nos anniversaires de mariage, ou pour la saint Valentin. Nos sujets de conversation tournaient immanquablement autour des enfants, ou de nos prochaines vacances à Arcachon. Ce soir, nous n'avons pas arrêté de parler, et le serveur vient nous interrompre pour la troisième fois :

— Désirez-vous un café ? nous demande-t-il sans se départir de son calme.

— Non merci. Vous pourrez nous dire combien on vous doit ?

Nous sommes les derniers clients, et toutes les autres tables sont déjà débarrassées. Je n'ai pas vu passer la soirée ; nous n'avons fait que rire et rêver. De retour devant l'appartement, nous nous embrassons longuement. Il est tard, et je suis fatiguée. Je n'ai guère envie de retourner dans mon sinistre grenier. Je consulte mon téléphone, ni appel manqué, ni message, c'est décidé, je reste dormir ici !

A peine couchés dans notre lit de fortune, nous nous endormons, serrés l'un contre l'autre, épuisés par l'intensité d'une aussi longue journée.

Au petit matin, ses caresses me réveillent. Ses mains se promènent langoureusement sur mon corps frémissant de plaisir. Emergeant à peine du sommeil, je sens le désir tendre mes seins qu'il embrasse du bout des lèvres. Puis le plaisir irradie jusqu'à mon ventre, et me fait gémir. Aussitôt, il monte sur moi et se place entre mes jambes, je me laisse aller pour l'accueillir en moi. Je suis si bien, mais de peur que tout aille trop vite je murmure :

— Doucement, doucement.

Et comme une première fois, je sens une caresse douce et chaude pénétrer lentement en moi, enflammant mon corps jusqu'à la pointe de mes doigts.

Ce matin en me levant, j'ai le sentiment de vivre enfin cette vie tant désirée, un bonheur tout simple, en compagnie de l'homme que j'aime. Je me sens profondément détendue, et je n'arrête pas de chantonner depuis que nous sommes debout. Pendant que Marc est parti chercher le pain à la boulangerie, j'installe notre nouvelle cafetière, et prépare le premier café que nous allons prendre ensemble.

En posant les croissants et le pain encore chaud sur une table pliante achetée la veille, il me demande :

— Alors, le programme de la journée ?

— Il y a tellement à faire, je ne sais pas trop par quel bout commencer. Une chose est certaine, Sabine m'a confirmé qu'elle viendrait samedi, en début de matinée. Son mari a une grande remorque qu'il peut atteler derrière leur voiture. Il dit que ce sera l'idéal pour déménager des meubles sur une petite distance.

— Si je compte bien, cela nous laisse une semaine complète pour tout remettre à neuf !

— Tu crois que ça va suffire ? Personnellement, je n'ai pas l'habitude d'entreprendre de tels travaux, et puis à la maison, quand on voulait refaire les tapisseries, mon mari se faisait aider par mon père, et je ne m'occupais de rien. Ils disaient que ce n'était pas un travail de nana !

— T'inquiète pas, j'en ai vu d'autres. On a tellement retapé de vieilles maisons avec mes enfants. Tu verras, tout ira bien. L'important, c'est de commencer par ce qui te fait le plus peur.

— La cuisine ! Le mot a jailli de mon cœur, comme un cri. Quand je vois l'état dans lequel l'ancien locataire a laissé cette pièce, je suis complètement découragée. Tout est à refaire même la peinture du plafond.

Se voulant rassurant, mon chéri me serre contre lui, en disant :

— Eh bien, pendant que tu décolleras la tapisserie, je repeindrai le plafond. Pour enlever le vieux papier, c'est tout simple, juste une question de patience. Il suffit de bien le détremper avec de l'eau tiède et d'attendre une heure ou deux avant de le décoller. Entre temps, tu n'auras qu'à aller faire quelques courses pour le repas de midi.

La semaine se passe comme un camp de vacances. Le temps est au beau fixe au dehors, comme dans mon cœur. Le matin, nous prenons le petit déjeuner au soleil sur la terrasse, ensuite nous avons des ateliers de travaux manuels. J'apprends à coller la tapisserie, à peindre les boiseries, à découper et poser des lames de parquet flottant. Avec un gentil moniteur, tout paraît simple et passionnant, même de décoller du papier peint. Pendant les grosses chaleurs du début d'après-midi, mon chéri fait la sieste, et je m'allonge contre lui. Le soir, nous mangeons au restaurant, puis nous allons marcher en direction de la colline surplombant la résidence pour profiter de la fraîcheur.

Aujourd'hui, c'est atelier menuiserie. J'apprends à mesurer les lames de parquets, à les tracer et à les découper avec une scie spéciale pour les revêtements stratifiés. Nous avons attaqué une chambre : un papier peint gris et blanc, aux lignes géométriques, remplace une horrible tapisserie à grosses fleurs marron sur fond jaune. Le parquet, imitation bois, de couleur gris bleuté, s'accorde parfaitement avec les murs, et donne beaucoup de clarté à la pièce qui, à cette heure-ci, est inondée de soleil.

Mon chéri transpire à grosses gouttes en frappant, avec un marteau et une cale, sur une lame récalcitrante. Il se tourne vers moi, et me demande presque suppliant :

— Tu ne crois pas que nous serions mieux au bord d'un lac par ce beau temps ?

— Ah non pas question, on ira se baigner quand on aura fini tous les travaux !

— On terminera largement dans les temps. En plus, quand tout sera prêt pour emménager, il y aura peut-être des nuages. Tu sais comme c'est en Auvergne, le beau temps se transforme toujours en orage, il faut en profiter tant qu'il y a du soleil !

— Je ne serai tranquille qu'une fois tout terminé. Tu peux aller te baigner si tu veux, moi je continue !

— Tu n'es vraiment pas cool comme nana. Si tu ne profites pas des bonnes choses quand elles se présentent, tu seras toujours en train de courir après des obligations que tu te créeras toi-même. Au lieu de réaliser les choses simplement, tu veux que tout soit parfait pour paraitre irréprochable aux yeux de tes proches. L'important c'est d'être en accord avec soi-même, et non de plaire aux autres. Il y a un temps pour tout, dit l'Ecclésiaste, un temps pour travailler et un temps pour profiter. Pour être heureux, il suffit d'être dans le bon tempo !

— C'est aussi ton Ecclésiaste qui dit ça ?

— Non, ça, c'est de moi, c'est la traduction moderne !

Et en disant cela, il me prend dans ses bras et me fait tourner autour de lui, en riant de bon cœur. Il a ce don de détendre l'atmosphère quand la tension monte entre nous, et cela m'apaise profondément.

Enfin, le lendemain, nous posons la dernière lame de parquet. Notre chambre est terminée, tout l'appartement est refait à neuf. Bien entendu, le soleil a disparu derrière de gros nuages menaçants, et Marc ne manque pas de me le faire remarquer :

— Tu vois Léna, on est seulement vendredi matin, et tout est fini. Je te l'avais bien dit, on aurait pu se baigner hier après-midi, et terminer tranquillement le travail aujourd'hui !

— Je sais, je sais, mais je suis comme ça. Je ne peux pas me détendre avant d'avoir achevé mon travail !

— Alors tant pis pour nous. Il ne me reste plus qu'à aller acheter une bouteille de bon vin pour arroser la fin des travaux. J'en profiterai pour ramener de quoi manger.

Avant de sortir, il me serre contre lui, et m'embrasse tendrement.

Il est à peine neuf heures, ce samedi matin, lorsque la sonnerie de la porte d'entrée résonne. J'ouvre, Sabine est là, toute souriante. Nous nous embrassons, un peu émues de nous retrouver dans de telles circonstances. C'est la première fois que nous nous revoyons depuis le début de la procédure de divorce. Même si elle ne comprend pas forcément mes choix, je sais qu'elle ne me juge pas. Elle est tout excitée à l'idée de la mission qui nous attend. Nous devons récupérer du mobilier de mon ancien domicile, et je préférerais avoir terminé avant que mon ex-mari ne rentre du travail. Même si nous nous sommes entendus sur les meubles que je pouvais récupérer, je n'ai pas envie d'essuyer ses remarques désobligeantes. Comme il termine vers treize heures, cela nous laisse largement le temps de tout faire avant son retour.

Notre intervention ressemble à celle d'un commando, nous agissons rapidement avec un maximum d'efficacité, comme si nous nous étions longuement entraînés. J'ai un peu la sensation de participer à un hold-up. Même en ayant la clef de la maison, j'ai l'impression d'entrer par effraction, comme si déjà, je ne me sentais plus chez moi. La volonté d'éviter à tout prix mon ex-mari, ajoute au malaise ressenti. Heureusement, en à peine trois allers-retours, nous réussissons à tout transporter. Une fois les meubles installés dans l'appartement, la tension retombe, et nous nous mettons tous les quatre à rire, mais d'un rire légèrement nerveux. Puis chacun commente à sa façon le côté loufoque de la situation, comme pour évacuer un trop plein d'émotions devenues difficiles à contenir.

Une fois le calme revenu, je leur propose d'inaugurer le nouveau mobilier en servant un apéritif improvisé sur la grande table de la salle à manger. L'ambiance redevient peu à peu bon enfant, cependant je suis déçue lorsque Sabine et son mari déclinent mon invitation à dîner, étant déjà invités dans leur famille. Heureusement, mon chéri est là, à mes côtés pour me soutenir, car une vague d'abattement commence à me submerger. Certainement le contrecoup de tous ces bouleversements intervenus dans mon existence au cours de ces derniers mois.

L'après-midi, nous faisons les magasins pour nous changer les idées, et acheter les quelques ustensiles indispensables qui nous manquent encore. Le dimanche, je fais un grand ménage, pendant que Marc installe les abat-jours achetés la veille. Puis, nous disposons les meubles dans chaque pièce et accrochons quelques décorations aux murs, pour apporter la touche finale avant l'arrivée des enfants. Je vais les récupérer ce soir, et j'ai envie que tout soit prêt pour les accueillir. Je voudrais tant qu'ils se sentent bien dans ce nouveau nid, et je suis impatiente de voir leur réaction. En même temps, j'appréhende vraiment cette nouvelle existence, où je serai seule avec eux durant la semaine.

Dire que demain matin à l'aube, mon chéri doit partir au fin fond des Pyrénées pour rejoindre son lieu de travail.

2 – Léna tente un nouveau départ

La radio à fond pour me donner du courage, j'écoute un CD de Zazie. Je reprends avec elle, des paroles que je connais par cœur ; c'est l'une de mes chansons favorites. C'est la première fois que j'entreprends un si grand voyage, seule au volant de ma petite auto. Il me faut traverser la moitié de la France afin de rejoindre mon chéri, installé depuis peu dans une petite ville des Pyrénées. Et pour calmer l'angoisse qui commence à envahir mon cœur, j'écoute ma chanteuse préférée. En reprenant avec elle le refrain, j'oublie mes peurs. Elle parle de son désir d'une relation authentique, et cela m'aide à aller de l'avant.

La dernière fois que j'ai écouté cette chanson en voiture, mon mari conduisait, et moi je rêvais à un autre homme. Nous partions pour une semaine de vacances en Normandie avec nos deux enfants. Nous roulions en silence depuis plus d'une heure, chacun enfermé dans ses propres pensées, quand mon mari a allumé la radio. Les paroles de « La dolce vita » se sont mises à résonner dans mon cœur, j'avais le sentiment qu'elle chantait pour moi. J'ai repris le refrain à haute voix avec elle, pensant faire réagir l'homme imperturbable assis à côté de moi, malheureusement il est resté indifférent à mon appel de détresse. Je l'ai alors interrogé sur notre avenir, en utilisant le texte de Zazie comme appui. Rien n'y a fait : il ne se sentait pas concerné et ne voyait aucun rapport avec notre situation actuelle.

Après deux heures de route, nous arrivâmes à hauteur de Vierzon, et j'ai demandé un arrêt pipi. C'était la première fois que je profitais des toilettes d'une aire d'autoroute pour téléphoner. Le cadre était un peu sordide, la situation pas très saine mais le besoin de confier ma détresse à une personne bienveillante me rendait aveugle à tout cela. Une seule chose comptait, entendre la voix de l'homme dont j'étais en train de tomber amoureuse, et retrouver un peu de courage pour la suite du voyage. Il y eut encore d'autres arrêts avant la Normandie, rompant la monotonie du trajet et me permettant de passer en cachette quelques appels rapides. Malgré tout le voyage me parut interminable.

L'appartement, loué pour le séjour, était exigu, et il m'était difficile de m'isoler pour téléphoner. Durant la semaine, il me fut juste possible d'écrire quelques cartes postales, et de les poster en prenant beaucoup de risques. Une seule fois je pus joindre Marc au téléphone, mon mari voulant absolument visiter le site du Débarquement de la dernière guerre. Ainsi, le lendemain même de notre arrivée en Normandie, à peine le petit déjeuner avalé, nous avions embarqué tous les quatre dans la voiture, direction les plages d'Arromanches. Sous une pluie battante, nous roulions depuis près d'une heure, lorsqu'enfin l'océan apparut devant nous. Tout paraissait gris, le ciel et l'océan bien entendu, mais même la plage. Et comme échoués sur le sable, d'énormes blockhaus de béton ajoutaient à la tristesse du paysage. Pendant que mon mari et les enfants allaient visiter le musée du Débarquement, je m'échappais sous prétexte d'aller boire un thé dans un bar, histoire de me réchauffer. Aussitôt seule, je sortis mon portable pour appeler Marc. Je lui racontais brièvement la virée à Arromanches, et la visite de la plage dans la grisaille. A suivi un court silence, puis il s'est mis à chanter :

— « Laissons la plage aux romantiques... »

J'ai alors éclaté de rire, tant les paroles de ce refrain connu paraissaient incongrues dans ce décor marqué par la guerre !

Les quelques hommes accoudés au bar se retournèrent, l'air de se demander si je n'étais pas un peu folle. J'étais heureuse, et leurs jugements me laissaient totalement indifférente. Je nous imaginais, Marc et moi, plantés au beau milieu des anciens blockhaus balayés par les embruns chantant à tue-tête pour couvrir le grondement des vagues :

— « Laissons la plage aux romantiques... »

Et de nouveau, je m'étais mise à rire toute seule, mais cette fois-ci, j'entendis dans le téléphone l'écho de son rire qui m'accompagnait. Même à des centaines de kilomètres l'un de l'autre, nous étions unis dans la même émotion.

Le dernier jour des vacances, profitant d'une éclaircie, nous avions décidé de visiter la petite ville d'Honfleur, pas trop éloignée de notre lieu de villégiature. Les ruelles moyenâgeuses nous avaient entraînés lentement jusqu'au port, où somnolaient des bateaux parfaitement alignés. A cette époque de l'année, où tout semblait sommeiller dans l'attente des beaux jours, nous avions continué à flâner dans la vieille ville, et nos pas nous avaient conduits au pied de l'église Sainte-Catherine. Etrange bâtiment, ressemblant plus à un marché couvert qu'à un édifice religieux, avec son clocher déporté de l'autre côté de la rue. L'intérieur, très clair, ne prêtait pas non plus au recueillement, à peine entrés, l'orgue s'était mis à jouer. L'organiste répétait « La Toccata » de Bach. Les notes puissantes emplissaient l'immense nef en faisant vibrer tout mon être. Mon cœur se mit à battre de toutes ses forces, et l'envie de permettre à Marc de partager ce moment intense, me submergea. Discrètement, je sortis mon téléphone pour l'appeler, espérant qu'il allait décrocher et que nous pourrions profiter de ce merveilleux morceau de musique ensemble. Immobile, plantée au milieu de l'allée centrale, je laissais les notes m'entraîner en esprit auprès de lui. Mais très vite, les enfants me ramenèrent sur terre, en me tirant par la main. Ils s'impatientaient, peu habitués à écouter de l'orgue debout dans une église, d'autant plus que leur père était déjà ressorti depuis longtemps. Continuant à visiter Honfleur, je repensais à ce moment magique où la mélodie de Bach m'avait rapprochée de Marc. Des centaines de kilomètres nous séparaient, et pourtant le lien entre nous était plus fort que jamais.

Au retour des vacances les choses se précipitèrent. Comprenant que plus rien ne me retenait à mon mari, et de crainte de démarrer une nouvelle relation avant d'en avoir terminé avec celle-là, je décidais de prendre les choses en mains. A partir de cet instant, tout alla très vite. Le divorce fut expédié, la garde des enfants organisée au mieux de leurs intérêts et, après quelques semaines de cohabitation tendue, je m'installais enfin dans un nouvel appartement, avec l'aide de Marc et de mon amie d'enfance. Tout s'était passé naturellement, sans calcul ni préméditation. Je sentais au plus profond de moi, quelles décisions je devais prendre. J'avançais sans la moindre hésitation, et à aucun moment, je ne me suis posé la question de savoir si c'était bien ou mal ; je devais le faire, et rien ne pourrait m'arrêter !

Aujourd'hui, me voilà en train de rouler en direction des Pyrénées. J'ai la peur au ventre d'entreprendre un tel voyage, mais mon cœur brûle d'impatience de retrouver Marc que je n'ai pas revu depuis la fin des travaux d'aménagement. La monotonie de l'autoroute aidant, je me mets à rêver de cette aventure dans laquelle je me trouve embarquée depuis presqu'un an.

Tout a commencé comme dans un film romantique, un de ceux que j'aimais tant regarder étant jeune fille, et qui me faisaient rêver alors. Tout à coup, je vivais une véritable passion pour un prince charmant. N'est-ce pas là le rêve de la plupart des femmes ?

Au commencement, un hasard. Enfin, il n'y a pas de hasard, il n'y a certainement que des rendez-vous. A chacun de savoir répondre présent !

Ce matin de septembre avait débuté comme n'importe quel autre jour. Je me préparais pour une journée de formation obligatoire avec un ancien professeur de français reconverti dans la formation continue des secrétaires d'entreprise. Il devait nous aider à rédiger des notes administratives. Je retrouvais des collègues venues d'autres départements pour suivre la même formation. Après quelques bavardages matinaux pour prendre des nouvelles des uns et des autres, nous entrâmes dans une salle de réunion aux murs livides, éclairées de néons à la lumière blafarde. Face à moi, se tenait debout devant un grand tableau blanc immaculé, cet homme qui allait bouleverser ma vie de femme mariée et de mère exemplaire.

Il était grand, mince, le regard tendre, et il semblait étonnamment paisible. Sa voix était douce, et il ne se prenait guère au sérieux, comme le font souvent ce genre de formateurs tellement fiers de maîtriser leur domaine de prédilection. Durant les explications et exercices divers, il nous donna des astuces pour apprivoiser les subtilités de la langue française. Il n'hésita pas à faire des jeux de mots, ou à raconter quelques anecdotes pour détendre l'atmosphère. Bien entendu, étant de nature plutôt gaie, je ne manquais aucune occasion d'en rajouter un peu.

Lors du repas pris avec le reste du groupe au restaurant administratif, il se retrouva assis face à moi, et nous pûmes continuer à rire en blaguant sur des sujets divers. Bientôt, nous étions comme seuls au monde dans cet endroit particulièrement bruyant, et je ne savais pas encore qu'à partir de ce jour, plus rien ne serait comme avant. Mais pour l'heure, je m'amusais de tout, et me sentais profondément heureuse d'exister. Le soir, au moment de nous quitter, je croisais une dernière fois son regard bleu, et ressentais une petite sensation inhabituelle au creux de mon ventre.

Quelques semaines plus tard, j'eus l'heureuse surprise de le croiser à nouveau dans les couloirs du bâtiment. Il était venu pour une nouvelle formation avec un autre groupe de collègues. En le revoyant, mes jambes se mirent à flageoler, l'émotion était si forte que je peinais même à dire bonjour. Cependant je ne voulais pas laisser passer ma chance, au fond de moi, je savais pertinemment que c'était maintenant ou jamais. Oubliant les règles les plus élémentaires de la pudeur, je lui exprimais sans détour ma joie de le revoir. Contre toute attente, je ne ressentais ni gêne ni culpabilité. Au contraire, un profond sentiment de bien-être et de légèreté s'était emparé de moi. Le désir de plaire, de lui plaire, m'envahit tout à coup. J'avais conscience d'être à un tournant essentiel de ma vie, d'une petite vie bien rangée.

En moi demeurait un grand vide, et je savais au plus profond de mon être que le temps était venu de le combler. Malheureusement, son devoir le retint loin de moi le reste de la journée. Ce ne fut que le soir, au moment de partir, qu'il entra dans mon bureau. Il venait me proposer, le plus naturellement du monde, d'aller manger dans un petit resto sympa. Comme malgré moi, je m'entendis lui répondre :

« Mais vous savez, je suis un petit peu mariée, et je dois rentrer m'occuper de mes enfants ! »

Il eut un sourire triste, me fit une bise très pudique sur la joue, et me salua en sortant précipitamment de la pièce.

Ensuite, les mois ont passé, et ma vie a coulé tranquillement, avec les éternelles occupations de femme mariée et de mère de famille. A la maison, avec mon mari, nous vivions une relation de couple banal, cependant j'étais fière des enfants : ils représentaient ma plus belle réussite. Nous habitions une gentille maisonnette, dans le lotissement d'une petite ville de banlieue où je travaillais depuis dix ans pour une administration en pleine évolution. Je semblais heureuse, et les gens étaient en admiration devant notre si « beau couple ».

Pourtant un matin de décembre, j'eus la surprise de découvrir en ouvrant mon ordinateur, un mail de *« mon formateur d'un jour »* m'annonçant sa prochaine mutation dans une ville des Pyrénées. Je ne pus résister à l'envie de lui répondre, pour le féliciter de ce nouveau poste obtenu dans une si belle région.

A partir de ce moment-là, une relation virtuelle, composée de messages quotidiens, débuta entre nous. Très vite je devins addicte, attendant les courriels avec impatience, trop contente de voir la petite enveloppe s'agiter au bas de l'écran de l'ordinateur. Il me faisait rêver en me parlant de ses voyages en Afrique. Il m'appelait sa belle inconnue ; un amour platonique commença alors de naître entre nous. Ces échanges continuèrent jusqu'en avril, date de son départ pour une nouvelle région d'accueil. L'envie de le voir une dernière fois me poussa à lui proposer une rencontre en ville, en guise d'adieu. On décida de se retrouver le samedi suivant, au pied de la célèbre statue de Vercingétorix qui trône au beau milieu de la place principale de notre capitale auvergnate.

La matinée de ce fameux jour fut à la fois excitante et angoissante. Il fallait trouver un stratagème pour laisser les enfants à leur père, alors que nous étions en pleine instance de divorce, et que ce dernier n'était pas vraiment disposé à me faciliter la vie. Heureusement pour moi, l'équipe de rugby locale avait un match ce jour-là, et il avait prévu de passer l'après-midi sur le canapé à regarder la télé en compagnie des enfants. Le moment venu, après avoir salué tout le monde, je me rendis sur le lieu du rendez-vous. Marc était là, au pied de la statue. Sans réfléchir davantage, je courus jusqu'à lui, et spontanément je l'embrassais avec passion. Mon cœur avait parlé, et je l'avais écouté, tout simplement !

A partir de ce baiser, ma vie bascula. Pourquoi moi, pourquoi lui, qu'avais-je lu dans son regard ?

Soudain, des phares rouges devant moi s'éclairent, et leur signal me ramène sur terre. Mon cerveau fonctionnait en pilote automatique, tandis que mon esprit revivait les péripéties de ces derniers mois. Heureusement, l'autoroute était presque déserte aujourd'hui, et j'avais les deux voies pour moi toute seule. J'arrive au péage, il est grand temps de reprendre l'auto en main !

3 – Nouvelle vie, nouveaux espoirs

« … Et puis, n'en déplaise à Dieu,

Ce n'est pas en lui que je crois.

Tant pis, n'en déplaise à Dieu,

Ce n'est pas en lui, mais en toi.

Je n'ai Dieu que pour toi… »

Zazie ; Au diable nos adieux

Tiens, lui aussi écoute des chansons de Zazie !

Derrière la porte, résonnent les paroles de « Au diable nos adieux ». Je frappe, un peu intimidée. C'est ma première visite dans l'antre de mon chéri, et l'émotion étreint mon cœur.

— Entre, c'est ouvert !

Son petit appartement est comme je l'imaginais, sobre mais original. La pièce à vivre, en arc de cercle, ressemble à une tour de contrôle avec d'immenses fenêtres surplombant la ville. Par l'une d'elles, on aperçoit la Collégiale aux couleurs chatoyantes. Lui, est en train de cuisiner. Je n'ai pas le temps d'en voir plus, il pose son tablier, me prend contre lui, et me serre fort. Pas le temps de dire bonjour, il m'embrasse déjà !

J'ai le sentiment de fondre dans ses bras, toutes les tensions du trajet se relâchent peu à peu. A l'abri contre lui, tout me parait simple et facile.

— T'es trop forte toi, tous ces kilomètres d'une traite !

C'est vrai qu'une force inhabituelle me permet d'accomplir ce que je n'aurais même pas imaginé auparavant.

— C'est toi qui me rends forte, tu sais !

Et en disant cela, je me colle contre lui. En m'attendant, il a préparé un repas d'amoureux. Sur la petite table haute sont déjà installés, une bouteille de vin d'Alsace, deux verres à pied et un plat couvert de toasts divers préparés avec soin.

— Allez viens, il faut arroser ton premier voyage en solitaire, ta première visite chez moi, et la joie de nous retrouver. J'espère que tu tiens bien l'alcool !

Tout en buvant et en piochant dans les toasts, je lui raconte la semaine écoulée, et la monotonie du trajet, toute seule, sur l'interminable autoroute. A son tour, il me parle de lui, de son installation récente à son nouveau poste, et dans son appartement. Il me raconte aussi, avec humour, la découverte de son étrange environnement :

— Tu as dû apercevoir la Collégiale par la fenêtre ? Tu vois, j'ai trop de chance, plus besoin de pendule. J'ai l'heure précise, avec en prime, de temps en temps, un concert de carillon !

Et, comme pour lui donner raison, les cloches, toutes proches, entonnent un air connu avant d'égrener les huit coups de vingt heures. Tout cela donne à notre soirée un petit côté solennel, et je ne peux m'empêcher de trinquer une nouvelle fois :
— A nous deux et à notre merveilleuse aventure !

Un peu grisés par le vin blanc et par la joie de nous retrouver, nous éclatons de rire avant de tomber dans les bras l'un de l'autre.
— C'est impressionnant, j'ai senti les vibrations des cloches traverser mon corps. Tu as trop de chance de

vivre dans un tel appartement, on se croirait au ciel !

De nouveau, nous éclatons de rire. Décidément, le vin me fait facilement tourner la tête. Nous continuons à délirer le temps de laisser les effets de l'alcool s'évaporer, puis peu à peu, la conversation prend un tour plus sérieux au sujet de l'imposante Collégiale.

— Tu sais, me dit-il, c'est l'église dont je t'ai parlé dans mes messages, celle où nous répétons avec la chorale. Comme tu me l'avais demandé, je m'y suis rendu dimanche dernier, à l'heure de la messe. Je me suis assis au fond, presque au dernier rang, et j'ai prié pour nous, pour notre amour, pour cette situation compliquée mais essentielle à l'un comme à l'autre.

Je souris comme on acquiesce à une évidence, le laissant poursuivre sans rien ajouter.

— Le curé prêchait des banalités, les bases d'un catéchisme édulcoré, comme s'il enseignait à des enfants. Pourtant, la majorité de ses ouailles sont grisonnantes et attendent certainement autre chose que ses paroles insipides. Une bien triste paroisse, sans aucune jeunesse ni la moindre gaieté ! Heureusement, un orgue, dont les notes emplissaient le bâtiment d'une mélodie divinement inspirée, compensait la tristesse ambiante. La musique semblait provenir des cieux, et nous enveloppait comme une présence bienveillante. Encouragé par cette atmosphère profondément pieuse, je me suis recueilli, laissant mon âme profiter pleinement de ce moment de pur bonheur. Lorsque j'ai rouvert les yeux, une fresque, peinte juste au-dessus du chœur, m'est apparue. Située en face de moi, je n'y avais pas prêté attention en m'asseyant, mais à présent, je ne voyais plus que cette image représentant un Christ majestueux assis sur un trône céleste. Et tandis que je le contemplais, un profond sentiment de paix a envahi mon cœur. Au milieu de ce silence intérieur, des images, où se mélangeaient notre histoire et celle « d'Héloïse », se sont imposées à moi.

— Tu veux parler de l'« Héloïse d'Abélard » ?

— Exactement !

— Ce n'était pas l'histoire d'un amour impossible entre une jeune femme et un religieux ?

— Tout à fait, confirme-t-il, visiblement satisfait de mes réponses.

— Et cela t'a fait penser à nous ?

Je dois certainement faire une drôle de mimique en prononçant ces mots, car il éclate de rire.

— Rassure-toi, je n'ai pas l'intention d'entrer dans les ordres, parvient-il à répondre en reprenant son souffle.

Au bout de quelques instants, redevenu un peu plus sérieux, il poursuit :

— Pour te situer le personnage, je dirais juste qu'Héloïse était une jeune femme très croyante, pourtant son amour pour Abélard lui semblait parfaitement pur, de la même nature que son attachement à Dieu. Pour elle, il ne pouvait y avoir de différence entre les deux, l'un était l'esquisse de l'autre, sa version incarnée. En s'offrant à Abélard, elle découvrait le don de soi, en attendant son approbation, elle apprenait la patience, et ainsi pour chaque vertu chrétienne. Loin de tout calcul et de tout raisonnement, elle pratiquait sa foi en toute simplicité. Sa démarche était à l'opposée de celle d'Eve. Cette dernière avait privilégié le mental en mangeant du fruit de la connaissance du bien et du mal, Héloïse, au contraire avait choisi de suivre les élans de son cœur.

— Ton Héloïse me plaît bien. Presque, elle me donnerait envie de devenir chrétienne. Dommage que son histoire se termine si mal.

— Tu sais, ça s'est mal fini, surtout à cause d'Abélard. Prisonnier de ses principes, il était incapable d'écouter son âme. J'aurais presque envie de te dire qu'il était trop attaché à la morale pour aimer totalement. Comme Eve, il voulait s'assurer de faire le bien en évitant le mal, mais à force de réfléchir, il avait tout gâché. Seule l'âme connait les voix de Dieu. Lorsque tu m'as embrassé sous la statue de Vercingétorix, tu n'as écouté que ton cœur. Moi, je t'ai fait confiance, je ne savais pas où cela nous mènerait, mais j'ai cru en toi. Tu semblais tellement déterminée !

J'écoute, admirative. Quand il parle des choses du cœur, tout parait clair, tout semble aller de soi. A aucun moment il ne cherche à expliquer ou à convaincre, il partage ses convictions en toute simplicité. Je le laisse continuer, et me contente de lui sourire avec tendresse :

— A la fin de la messe, j'ai attendu que l'organiste descende de son perchoir, un étrange petit homme à l'aspect étriqué. J'étais persuadé qu'il serait la personne la mieux placée pour m'indiquer une chorale chrétienne, les organistes faisant souvent office de chefs de chœur. Il m'a aussitôt présenté au curé, un homme simple mais pas très accueillant. Il lui a parlé de mon envie de participer à une chorale. Le curé a souri poliment, puis nous a dirigés vers une femme d'une soixantaine d'années qui se tenait à proximité. J'avais en face de moi la responsable de la chorale locale. Par chance, ils étaient à la recherche d'une voix de basse. En un rien de temps, j'étais engagé. Tel que tu me vois là, j'ai déjà commencé les répétitions. Et cerise sur le gâteau, j'ai la lourde responsabilité de participer à l'animation de la prochaine messe.

— Quoi ? tu veux dire qu'on va à la messe demain matin ?

— T'inquiète pas, ce n'est qu'à onze heures ! On aura le temps de traîner. Tu ne m'en veux pas trop au moins ?

Pour le rassurer, je l'embrasse de toutes mes forces.

Le lendemain matin, comme prévu, nous nous dirigeons, main dans la main, vers la Collégiale dont les cloches sonnent à pleine volée, et je l'écoute me confier ses craintes :

— Tu sais, je suis déjà venu à la messe dans cette église si proche de l'appartement. Aujourd'hui, c'est la première fois que je fais partie de la chorale. Je n'ai participé qu'à deux séances de répétitions, et c'est un privilège un peu usurpé de pouvoir me tenir dans le chœur de ce lieu solennel, au milieu des prêtres et des choristes, pour une fête de Pentecôte. En fait, je suis un peu ému.

J'aime tant qu'il me raconte son quotidien lorsqu'il est seul ici, et que nous sommes éloignés l'un de l'autre par nos obligations. Pour lui rappeler mon soutien dans cette nouvelle aventure, je lui serre la main un peu plus fort. Nous nous regardons dans les yeux, tendrement, sans dire un mot, et je devine, à son sourire, sa reconnaissance de m'avoir à ses côtés dans une situation aussi délicate.

Devant l'édifice religieux, un groupe de personnes, pantalons ou jupes noires, et chemises blanches, discutent entre eux. Dans cette tenue solennelle, mon chéri est très élégant, et je le trouve particulièrement séduisant. Je le laisse se mêler aux autres choristes, et je vais m'asseoir tant qu'il reste quelques places libres. En principe, lors des grandes fêtes chrétiennes, les paroissiens se déplacent en grand nombre, et les églises, habituellement vides, se retrouvent alors curieusement bondées. Etant seule, je trouve, sans trop de peine, une place dans les premiers rangs. D'ici, je serai aux premières loges pour profiter de la chorale. A peine assise, l'appel joyeux des cloches s'estompe. Les choristes, entrés par une porte latérale, se mettent en place derrière l'autel, sur deux rangs, les femmes devant, les hommes derrière. Les deux voisins immédiats de Marc dépassent à peine, seul le haut de leur tête est visible. Soudain, l'orgue résonne dans la Collégiale, emplissant l'édifice d'une sensation d'allégresse. L'assemblée se lève. Le prêtre se place face à nous et nous bénit. Aussitôt la chorale se met à chanter, soutenue par la puissante musique. Comme souvent dans les églises, l'acoustique est parfaite, les chants prennent de l'ampleur et nous entraînent dans un sentiment religieux qui élève l'âme à son insu. Pour moi, qui ne suis pas habituée à ce genre d'émotion, le moment est déconcertant. Je me raccroche tant bien que mal au visage de mon chéri qui dépasse parmi les autres chanteurs. Il sourit, mais son regard passe au-dessus de l'assemblée. Il est porté par la musique, et semble vivre les paroles du cantique qui poussent à louer Dieu. En fait, il ne se contente pas d'interpréter le chant, il le vit de tout son être. De le voir ainsi, entièrement convaincu, me rassure. Même si le doute demeure en moi, je me sens paisible dans cette église où lui se trouve si bien.

L'orgue nous accompagne jusqu'à la fin de la messe, et je ne vois pas le temps passer. Je suis toute surprise en entendant le curé donner la bénédiction et nous inviter à rejoindre nos foyers dans la paix du Christ. Je me faufile dehors, à travers la foule compacte. Les membres de la chorale, sortis par une porte latérale sont déjà devant le parvis en train de discuter. Je me rapproche du groupe, et Marc saisit l'occasion pour me présenter à ses nouveaux collègues. Je crois qu'ils sont un peu choqués ou au moins refroidis, lorsqu'il leur annonce, avec une certaine désinvolture, mon récent divorce. Ils se détournent de nous, un à un, pour rejoindre d'autres groupes de leurs connaissances. Nous nous retrouvons bien vite seuls, tous les deux au milieu de la foule. Nous en profitons pour échanger nos impressions. Je lui raconte combien j'ai été transportée par la musique et les chants, et comme le temps est passé beaucoup trop vite à mon goût. Lui me fait part de ses émotions :

— Tu n'imagines pas, comme j'avais le trac ! Heureusement, j'étais à côté d'un petit papi. Tu sais, celui que j'avais repéré pendant les répétitions. Il a l'oreille sûre, connaît les chants par cœur, et en plus, il fait partie des basses. Avec lui comme filet de sécurité, je me suis autorisé des prouesses vocales dont je m'étonne moi-même. Je le laissais entonner les chants avant de me joindre à lui, d'abord timidement, puis avec de plus en plus d'assurance. Tiens, regarde là-bas, c'est Pascal !

D'un doigt discret, il pointe un petit groupe composé de plusieurs femmes en tenue de choristes, et d'un jeune homme.

— C'est l'organiste dont je t'ai parlé. Tu ne trouves

pas qu'il ressemble à un « vrai chrétien » ?

J'essaie de deviner dans sa silhouette les caractéristiques d'un « vrai chrétien ». A part sa coupe de cheveux et ses habits un peu ringards, je ne vois pas à quoi il veut faire allusion. Devinant sûrement mon incompréhension, il précise :

— Pour moi, il ressemble trop à l'idée que je me faisais de Marc, tu sais, l'auteur d'un des évangiles. Jeune, timide et très sérieux, allant tout de suite à l'essentiel et ne s'embarrassant pas de fioritures. Ses vêtements ternes, son sourire immuable, tout concorde avec l'évangéliste. Et surtout, il interprète trop bien « La Toccata » de Bach !

— Pourquoi, à l'époque, on jouait déjà du Bach ?

Voyant que je le taquine à propos de ses commentaires légèrement caricaturaux, il me regarde indécis, avant d'éclater de rire.

— Tu te moques de moi, non ? En tout cas, c'est un bon organiste. J'aimerais trop assister à l'une de ses répétitions quand l'église est totalement déserte.

— Moi de mon côté, je voudrais visiter l'intérieur des bâtiments, les mezzanines de pierres, escalader jusqu'à l'orgue, et si possible, monter en haut du clocher.

— Rien que ça ! dit-il, amusé.

Puis, me prenant par la main, il me propose d'aller en parler à Pascal.

— Tu verras, il doit certainement connaître un moyen d'exaucer nos vœux.

Nous nous approchons de son groupe, et avant même de l'avoir rejoint, il nous adresse un petit signe accueillant de la main.

— Alors, voilà l'heureuse élue ? demande-t-il, avant de me saluer d'un hochement de tête.

Après les présentations d'usage et quelques échanges de politesse, nous lui expliquons notre envie de visiter les recoins secrets de la Collégiale. D'un clin d'œil, il nous invite à le suivre jusqu'à la sacristie. Là, quelques dames patronnesses font la cour au curé. Pascal tapote le bras de l'une d'elles pour attirer son attention, et nous présente rapidement les uns aux autres. Nous sommes devant la spécialiste locale des édifices religieux, experte en symbolismes. La femme est imposante, elle fait penser à ces officiers hongrois de l'époque napoléonienne, et doit posséder des ascendances germaniques, au vu de son accent très marqué. En quelques mots, elle nous explique avoir l'habitude de présenter, à des groupes d'amateurs, une visite complète de l'église en moins de trois quarts d'heure. Je me retiens de lui dire, « style visite à la hussarde », ne voulant pas prendre le risque de la vexer. Par contre, Marc ne peut s'empêcher de lui demander, si un groupe composé de seulement deux personnes lui pose un problème. Impossible de lire la moindre contrariété sur son visage fermé. D'une voix impassible, elle nous propose de prendre rendez-vous lorsque nous aurons arrêté une date. Je lui explique alors en quelques mots notre situation :

— A la fin de la semaine prochaine, je dois repartir chez moi, et je crains de ne pas pouvoir revenir avant longtemps. J'habite beaucoup trop loin.

Elle nous regarde, l'air un peu étonné, puis, comme pour chasser des questions inutiles, elle secoue la tête, et nous propose, sans nous laisser vraiment le choix, mardi prochain, à neuf heures du matin. Après nous avoir salués, elle rejoint ses amies qui semblent sur le point de partir. Intimidés par le personnage, nous n'avons même pas pensé à lui demander si la visite était payante.

Profitant de nos âpres négociations avec le « cerbère de la Collégiale », Pascal a disparu sans un mot, fidèle à sa timidité. Nous retrouvant seuls, nous sortons à notre tour de peur de rester enfermés dans l'édifice, prisonniers jusqu'à la prochaine cérémonie.

4 – Un Dieu si lointain

« … Elle prend feu pour une étincelle.

S'envole sur un soupir.

Sa recette personnelle,

C'est trop de tout, sinon rien… »

Maxime Le Forestier ; Portrait de fille

La voiture serpente lentement le long des lacets, grimpant à l'assaut de la frontière espagnole. Après une interminable ascension dans la pluie et le brouillard, nous entrons par le côté français du tunnel de Biesla. Sur la radio, la voix de Maxime Le Forestier s'éteint, faute de réseau. Quelques kilomètres plus loin, nous ressortons, côté espagnol, sous un soleil radieux. Un peu comme un signe, un message pour nous rappeler qu'après la pluie, le soleil. Notre point de chute pour ce soir, un monastère prés de Barbastro, et pour seul contact, « el Padre Juan ».

Tout a commencé ce matin, au cours de la visite guidée de la Collégiale. A neuf heures sonnantes, nous étions, comme prévu, devant l'église. La petite porte latérale étant entrouverte, nous sommes entrés timidement. A l'intérieur, tout était dans la pénombre. Un pas a résonné dans le fond de la nef, une porte a grincé sur ses gonds, et presque aussitôt, des projecteurs ont illuminé violemment l'intérieur de l'édifice, faisant jaillir de l'obscurité d'immenses colonnes de pierre. Nos yeux n'ont pas eu le temps de s'habituer à cette lumière inattendue, que déjà la visite commençait sans le moindre préambule :

— Impressionnant, n'est-ce pas ?

Notre guide était là, face à nous, imposante. Elle avait dû remarquer nos yeux émerveillés par le spectacle qui s'offrait à nous. Encouragée par nos regards, elle continua :

— Dans la pénombre habituelle de la nef, toutes ces sculptures ne se remarquent pas, seuls des regards avertis arrivent à les distinguer. Aussi, nous avons installé ces multiples projecteurs pour aider les néophytes à découvrir ces chefs-d'œuvre au cours de nos visites commentées. Ne vous y trompez pas, les nombreuses statuettes ne sont pas seules à composer le décor religieux de l'édifice. Vous voyez ces colonnes ? Bien entendu, elles servent à soutenir le toit, cependant, elles ont aussi un rôle symbolique pour celui qui prend le temps d'observer. Enracinées dans le sol, elles s'élèvent jusqu'à la voûte, servant de lien entre la terre et les cieux. Elles nous invitent à faire de même, à élever nos âmes, des préoccupations matérielles aux activités spirituelles.

Nous avions un peu de mal à la suivre. Non seulement elle parlait vite de sujets complexes, en plus, elle se déplaçait à grands pas à travers les nombreuses travées. Soudain, me retenant par la main, Marc m'obligea à m'arrêter, laissant la guide poursuivre seule son cheminement, mais aussi son monologue. Du doigt, il m'indiquait le haut de la colonne dressée devant nous, et en chuchotant, il me dit :

— Regarde, on dirait une scène biblique !

Je n'eus pas le temps de comprendre de quoi il me parlait, déjà « la gardienne du temple » se tenait devant nous, le regard noir, prête à nous réprimander. Pour sauver la situation, je répétais la remarque de mon chéri, tout en regardant vaguement vers le haut de la colonne :

— On dirait une scène biblique, vous ne trouvez pas !

Le stratagème sembla prendre, elle regarda à son tour en l'air :

— Tout à fait ! Vous pouvez reconnaître Eve, tendant la pomme à Adam, et le serpent enroulé autour du tronc d'un pommier. Les sculpteurs aimaient décorer le sommet des colonnes de personnages de la Bible. En observant bien, vous verrez sur chaque chapiteau des figurines différentes. Là, il s'agit du péché originel, sur le suivant, vous pouvez remarquer un personnage tenant un animal en laisse. Pour certains, cela symbolise le croyant ayant réussi à dompter les désirs du corps. Mais chacun y voit un peu ce qu'il veut.

Légèrement provocateur, mon compagnon lui demanda :

— Et la pomme, ça représente quoi ?

— C'est certainement le symbole le plus connu ! déclara-t-elle sèchement, apparemment choquée de son ignorance. Le serpent encourage Eve à séduire Adam. Et cette pomme qu'ils croquent ensemble, évoque le péché de la chair. Pour les punir de leur forfait, Dieu les chassa du jardin d'Eden où ils vivaient parfaitement heureux.

En l'écoutant, je comprenais mieux pourquoi elle avait rejeté d'elle toute marque de féminité et toute forme de séduction. Elle devait associer cela directement à la notion de péché !

A notre première rencontre, nous nous étions moqués d'elle, de son aspect masculin et autoritaire, à présent je la considérais avec un peu plus d'indulgence. Elle avait dû faire les frais d'une éducation un peu trop rigide. Loin d'imaginer mes cogitations intérieures, elle continua à nous expliquer les mystères de sa Collégiale :

— Vous savez, il ne faut pas chercher un sens à chaque sculpture. Certains artisans créaient des décorations au gré de leur propre imagination, et il ne faut pas tomber dans l'excès de vouloir à tout prix leur trouver une interprétation religieuse.

Et comme pour clore cet exposé, une porte claqua bruyamment derrière nous, juste à la fin de sa phrase, telle une ponctuation. Nous nous retournâmes tous les trois dans un même mouvement. Sortant alors de la pénombre, un homme, petit et grisonnant, se dirigea dans notre direction.

— J'étais certain de vous trouver là ! lança-t-il, en s'adressant à notre guide.

Puis, se tournant vers nous, il ajouta d'un ton enjoué :

— Bonjour tout le monde.

Après l'avoir salué, notre guide fit les présentations d'usage. Paul, c'était ainsi qu'elle l'appelait, était un ancien professeur, aujourd'hui reconverti dans l'histoire religieuse. Il était volubile et devait aimer partager ses connaissances. Elle profita de l'occasion pour lui révéler notre intérêt pour la sculpture représentant Adam et Eve dans le jardin d'Eden. Il sourit en l'écoutant résumer notre récente discussion sur le sujet. Puis se raclant la gorge à la manière d'un orateur sur le point d'entamer un exposé, il nous expliqua :

— L'important dans cette affaire, comme en toute chose, c'est de retourner aux textes d'origine. Après, tous les commentaires que l'on peut en lire, doivent être abordés avec discernement. Et ce qui est écrit dans la Bible est clair, Dieu installa l'homme et la femme dans un immense territoire où coulait un fleuve arrosant des plantes et des arbres dont ils pouvaient se nourrir à volonté. Parmi les arbres, il y en avait deux vraiment particuliers, situés au milieu du jardin : l'arbre de la vie et celui de la connaissance du bien et du mal. Ils ne devaient surtout pas manger les fruits du deuxième, sous peine de mourir.

Marc semblait en parfait accord avec toutes ces explications, et il profita d'une pause du professeur à la retraite pour intervenir :

— Il y avait donc un arbre dont les fruits donnaient la vie, et un autre dont les fruits provoquaient la mort ?

— En quelque sorte, mais il s'agit en réalité de vie et de mort spirituelles, et non physiques. La meilleure preuve, c'est qu'Adam et Eve ont mangé du fruit interdit et, malgré cela, ils ont continué à vivre et à se reproduire. Par contre, ils ont perdu toute relation avec Dieu. En cela, on peut dire qu'ils sont morts spirituellement.

— Sur ce point, nous sommes totalement en accord, assura mon compagnon.

Puis, après un instant de réflexion, il demanda :

— Et que sait-on du deuxième arbre dont parle la Bible, ce fameux arbre de vie ?

— En fait, il en est rarement question. Trop peu de commentateurs semblent s'y intéresser. Toutefois, ceux qui ont émis un avis à ce sujet supposent qu'il représenterait la personne du Christ, or cela dépasse mes compétences. Il vous faudrait parler de cela avec un expert de la symbolique chrétienne.

Un profond silence emplit la nef et donna à l'instant un aspect surnaturel, chacun semblant méditer les paroles du récit biblique. Notre guide, peu troublée par ces commentaires, pourtant si différents de sa propre version des faits, nous ramena sur terre en demandant à Paul la raison de sa visite. Il s'empressa de la rassurer en lui affirmant pouvoir attendre la fin de la présentation pour lui parler. Mais déjà, midi sonnait au clocher de l'édifice. Nous n'avions pas vu le temps passer. Après avoir remercié nos hôtes pour cette visite inoubliable, nous leur expliquâmes notre projet de voyage en Aragon et notre départ prévu en début d'après-midi. Paul, très enthousiaste, confirma que nous avions fait là un très bon choix. Et l'Aragon, Paul, il connaissait bien !

Il nous conseilla de nous rendre au monastère Del Quiero et de demander el Padre Juan, un vieil ami, qui se ferait un plaisir de nous héberger si nous venions de sa part. De là, le lendemain, il nous serait facile d'aller jusqu'au village d'Alquezar, et de visiter son célèbre château.

C'est ainsi, que de fil en aiguille, nous nous retrouvons à présent sur cette petite route d'Espagne, roulant en direction de Barbastro. Pendant de longues heures, nous traversons d'interminables déserts de pierres, sans croiser âme qui vive. Enfin, au détour d'un virage nous apercevons, perché au sommet d'un promontoire rocheux, un immense bâtiment flanqué de plusieurs tourelles.

— Regarde, Marc, ça a l'air de correspondre à la description de notre fameux monastère.

— Alors, en route vers de nouvelles aventures !

Je le sens enthousiaste à l'idée de passer un séjour dans un endroit aussi original. L'édifice monumental est désert, les abords sont à l'abandon et tout parait fermé. Nous en faisons le tour avant de découvrir la porte d'entrée reconnaissable à son interphone. Je sonne. Après une attente interminable, une voix nasillarde nous répond :

— Holà !

Dans un espagnol rudimentaire, j'explique vouloir parler à el Padre Juan. Après un long silence inquiétant, la porte s'ouvre enfin dans un grincement lugubre. A notre grande surprise, notre hôte a un sourire accueillant, malheureusement, il ne parle pas un mot de français. Tant bien que mal, j'essaie de lui parler de Paul, Paul de France !

Il nous regarde, d'abord surpris, puis son sourire s'élargit. Il nous tend une main franche en nous saluant chaleureusement, nous communiquons alors sur l'essentiel, le repas et une chambre pour dormir.

« El Padre Juan » est un moine joyeux, et malgré son grand âge, il nous fait visiter son domaine avec beaucoup d'entrain. L'escalier, les couloirs, les pièces, tout est démesuré. La cuisine est digne de Gargantua, la salle à manger pourrait recevoir deux cents convives. Cependant, tout est vide, silencieux, comme figé, nous laissant l'étrange sensation de visiter un musée. Nous avons le choix pour la chambre, elles sont toutes propres et accueillantes, mais celle « Del Padre Superior » est grandiose, avec des toilettes spacieuses et un lit à baldaquin somptueux. D'un commun accord nous la choisissons. Le vieux moine a un sourire nostalgique en nous voyant investir un endroit aussi solennel. Il doit y avoir bien longtemps que cette pièce n'a plus été occupée par un responsable religieux. Il nous avoue demander sans cesse à Dieu d'envoyer de jeunes novices pour les remplacer, lui et ses compagnons. Nous croyons deviner qu'ils ne sont plus que trois, âgés de quatre-vingt ans, et lui-même, pour des raisons incompréhensibles à notre piètre niveau d'espagnol, doit quitter les lieux en cette fin d'année. Il nous raconte qu'au temps de sa splendeur, le domaine produisait huile et vin de ses propres récoltes. Toute la nourriture consommée provenait des jardins cultivés par les moines, fort nombreux à l'époque. A présent, la tâche est devenue trop difficile, pour quelques vieillards, d'entretenir un tel édifice et tous les terrains annexes. Une femme du village voisin prépare des plats chez elle, et vient régulièrement livrer les repas à domicile. Elle en profite pour faire un peu de ménage et remplacer le linge sale. Il se fait beaucoup de soucis pour l'avenir du monastère, car il coûte cher à entretenir, et les généreux donateurs se font de plus en plus rares. Il ne leur reste plus que la prière pour agir, et c'est justement le moment d'y aller : une cloche résonne faiblement dans le dédale des couloirs, annonçant la prochaine célébration. Avant de se retirer, il nous confie les clefs du bâtiment pour que nous puissions chercher le reste de nos bagages et découvrir tranquillement les alentours en attendant l'heure du repas. Pour quelques instants, nous devenons propriétaire d'un monastère dominant les plaines de l'Aragon. Nous nous voyons déjà transformer les lieux en hôtel cinq étoiles. Nous réaménageons la cuisine et l'immense salle à manger, avant de redessiner le parc pour le rendre accueillant. Dans le soleil couchant, le paysage grandiose rend notre imagination débordante.

Au cours de notre visite, nous découvrons une petite chapelle adossée à l'édifice principal. Curieuse, j'en pousse la porte qui s'ouvre bruyamment, malgré mes précautions. Au fond, assis dans le chœur, les trois derniers moines « Del Quiero » semblent dormir. Pourtant, en les observant mieux, on devine un léger frémissement agiter leurs lèvres, pendant que leurs doigts égrènent discrètement les perles d'un chapelet. Blottis les uns contre les autres, comme pour se protéger d'une solitude envahissant inexorablement les lieux, ils font peine à voir. Une atmosphère sinistre emplit l'espace, comme une lente agonie gagnant même les pierres, suintant des murs et des objets. Tout semble figé, en dépit des multiples prières de nos trois religieux. Nous nous retirons discrètement de peur de les déranger dans leur méditation, mais en se refermant, la porte grince lugubrement derrière nous. Troublés, nous nous sauvons en courant, comme pour chasser les images désespérantes que nous venons de surprendre à notre insu. Un cri jaillit alors de mon cœur :

— Comment Dieu peut-il laisser faire ça ?

Un peu essoufflés, surtout émus, nous nous arrêtons un peu plus loin. Nos regards se croisent, et nous éclatons de rire, malgré le côté pitoyable du spectacle dont nous venons d'être témoins. Puis, sans un mot, nous regagnons l'entrée du monastère. A l'intérieur, un silence pesant nous accueille. Pendant notre absence, une servante invisible a dressé le couvert sur une des tables de l'immense salle à manger. Un repas frugal, accompagné d'un pichet de vin local, nous attend dans la solitude des lieux. En mangeant, le vin rouge aidant, l'atmosphère se détend, et nous retrouvons un peu d'entrain. Pourtant, l'image désespérante des trois moines recroquevillés sur eux-mêmes, m'obsède. N'y tenant plus, je repose la question restée sans réponse :

— Comment Dieu peut-il laisser faire ça ?

Marc me regarde d'un sourire indéfinissable, que j'interprète comme de l'indifférence. Un peu révoltée, j'insiste :

— Qu'Il ne m'écoute pas, moi, je le comprends. Mais pourquoi ne répond-Il pas à ces hommes qui Lui ont consacré toute leur vie ?

D'une voix apaisante, il tente de calmer mon irritation :

— Es-tu vraiment certaine que Dieu ne leur répond pas ? Pour ma part, je les ai entendus répéter sans fin des paroles lancinantes, des sortes de litanies. Etait-ce bien des prières ? Oui, justement, c'est quoi prier, dit-il, l'air songeur ?

En fait, je ne me suis jamais posé ce genre de question. Comme il semble attendre une réponse, je tente à tout hasard :

— Euh, eh bien disons, demander à Dieu ce dont on a besoin ?

— Tu veux dire, un peu comme un enfant adressant une liste au père Noël ?

— Peut-être pas, hein ? dis-je, devinant un piège derrière sa remarque.

Il rit, un brin moqueur. Puis reprend plus sérieusement :

— Imagine toi, assise en face de Dieu. Quelle serait ton attitude ?

— Assise, comme nous deux en ce moment ?

— Tout à fait !

J'essaie de me représenter la scène, mais j'ai un peu de mal. Je ferme les yeux pour mieux me concentrer. J'hésite encore, puis, une évidence s'impose à moi, je tente une explication :

— C'est ça, oui, je serais fascinée ! Tu as raison, je ne penserais pas à moi, ni à mes besoins. En réalité, je me ferais toute petite, et j'attendrais sans rien dire.

— Eh bien, tu vois, c'est tout simple ! La prière, c'est l'occasion de se débarrasser de soi-même et de ses préoccupations. En réalité, c'est surtout un temps d'écoute. On se tient devant Dieu, et on attend tout de Lui, car Il sait parfaitement ce dont nous avons besoin.

— D'accord, tu as sûrement raison. Ces trois moines qui se voient mourir de vieillesse sans personne pour les remplacer, il leur faut bien des réponses concrètes, non ?

— Justement, s'ils acceptent de se montrer tels qu'ils sont : vieux, isolés et fragiles, Dieu pourra leur venir en aide, et ils trouveront certainement des solutions pour l'avenir de ce monastère.

Le débat dépasse mes compétences, et je préfère revenir à des préoccupations plus prosaïques. Je propose de débarrasser la table, mais que faire de la vaisselle sale ?

Depuis notre retour dans le bâtiment, nous n'avons croisé personne, et aucune consigne ne nous a été donnée sur le déroulement de la soirée. Dans le doute, j'empile assiettes et plats en bout de table. Heureusement, nous avons l'assurance de pouvoir dormir dans la confortable chambre « Del Padre Superior », ce qui en soi n'est déjà pas si mal.

Avant de rejoindre notre petit nid douillet, nous décidons de partir, main dans la main, à la découverte du labyrinthe de couloirs parcourant l'immense édifice. En suivant l'un d'eux, nous butons sur une lourde porte. Derrière, nous découvrons une étrange petite salle circulaire, ouvrant sur plusieurs passages étroits. De grands panneaux en bois foncé couvrent les murs entre chaque ouverture. Dessus, sont accrochées une multitude de clefs de toute taille et d'étranges instruments métalliques. On se croirait revenu au temps de l'inquisition. Seul le bruit de nos pas résonne dans le silence remplissant les lieux. Pas très rassurée, je serre la main de Marc, l'empêchant de pénétrer dans l'un des couloirs. Nous décidons de faire demi-tour, et rejoignons prudemment notre chambre pour finir la soirée dans la sécurité d'un grand lit confortable. Emus par l'aspect solennel des lieux, et par le silence inquiétant qui nous entoure, nous faisons l'amour presque timidement. Nous retenons nos gestes de peur de réveiller, dans cet étrange monastère, les fantômes d'un sombre passé. Dans la lenteur des caresses, chaque parcelle de mon corps frémit, me laissant découvrir des sensations jusque-là inconnues. Pour la première fois, je partage avec mon chéri une extase silencieuse, presque irréelle.

Le jour nous réveille, tout est calme. Comme la veille au soir, la femme de service a préparé notre petit déjeuner. Des corbeilles de fruits et de galettes trônent au milieu d'un étalage de tasses, de verres et de pichets. Ils couvrent entièrement l'une des tables de l'immense réfectoire toujours aussi désert. Le soleil donne à la pièce un peu de gaieté ce matin, et nous chantons notre joie de vivre. Tout semble naturel, simple comme le bonheur, pourtant la situation est tellement inhabituelle. Perdus au fin fond de l'Aragon, dans cette immense bâtisse dont les hôtes invisibles sont tellement attentifs, nous nous sentons comme chez nous. J'endosse le rôle de maîtresse de maison, complétant le petit déjeuner en ramenant de la cuisine deux yaourts et du jus de fruit. Tout en mangeant, nous préparons le programme de la journée : visiter la petite ville d'Alquezar et son célèbre château.

A peine arrivés à destination, à peine sortis de la voiture, nous nous retrouvons au milieu d'un groupe de randonneurs français, équipés comme des spéléologues. Ils sont vêtus de combinaisons de plongée, et portent tout un attirail d'escalade fait de cordages, de mousquetons et de lampes électriques. Changement de programme : ils nous conseillent de visiter le canyon du Rio Vero, situé juste au pied du village. Ils nous assurent qu'il y a très peu d'eau actuellement, et qu'il est possible de longer la rivière sans posséder d'équipement sophistiqué. Cela tombe bien, car nous n'avons sur nous, que des baskets, un short, un chapeau et une bouteille d'eau. La seule condition étant d'y aller avant les grosses chaleurs de l'après-midi. Projet adopté, nous visiterons le village et son château plus tard dans l'après-midi.

C'est ainsi que nous partons à la découverte du fameux canyon. La descente vers le fond des gorges, juste au pied de la ville fortifiée, est vertigineuse. En bas, la rivière bleu azur est limpide. Nos informateurs avaient raison, il y a peu d'eau, et nous pouvons marcher pieds nus en suivant le lit de la rivière. Le paysage est grandiose, le dépaysement assuré. Le cours d'eau franchit plusieurs cascades en se faufilant entre des falaises abruptes, nous obligeant à emprunter des passerelles suspendues à flanc de rochers. Connaissant mon appréhension du vide, je crains un peu pour la suite de la balade. Je laisse Marc passer le premier, le suivant de très près. Rassurée par sa présence, je ne ressens pas trop cette peur qui me paralyse habituellement. Au beau milieu de la passerelle, je m'arrête, sors l'appareil photo, et mitraille l'étonnant paysage. Comme indifférente au vertige, je me déplace avec aisance, me tournant, me retournant, pour trouver le meilleur angle de prise de vue. L'amour rendrait-il donc vraiment aveugle ?

Certainement aveugle au danger, ou plutôt, confiant en soi et en la vie. Je suis comme portée, transportée par le bonheur. Je passe au-dessus du vide comme on dépasse ses craintes. Le reste de la randonnée est empreinte de cette joie simple : être heureux ensemble, dans un décor de rêve.

Nous peinons un peu pour remonter vers le village aux heures chaudes du début de l'après-midi. Notre bouteille d'eau est vide, et nous commençons à avoir soif, et aussi très faim. Heureusement pour nous, en Espagne, cela ne pose aucun problème de manger à une heure aussi avancée. Une fois dépassées les premières habitations, nous repérons un petit restaurant dont les tables sont installées à l'ombre d'un immense tilleul, avec vue imprenable sur l'impressionnant fort d'Alquezar. Le patron, très accueillant, nous fait asseoir aux premières loges de ce spectacle grandiose. Nous voyant en sueur, et se doutant que nous devons mourir de soif, il nous propose un petit rosé bien frais dont il est particulièrement fier. A peine servis, nous trinquons à cette belle journée ensoleillée et au bonheur de découvrir ensemble cette étonnante région de l'Aragon.

5 – Une âme en pleine tourmente

« … Ce que nos âmes sont belles.

Mais nous les hommes infidèles,

Nous les prenons de haut,

Nous les privons de tout. »

Zazie ; Nos âmes sont belles

Le CD de Zazie passe en boucle. Un livreur l'a apporté tout à l'heure, avec une carte d'heureux anniversaire. De mémoire, c'est certainement la première fois que je serai seule pour une telle fête. Marc a été retenu par son travail, malgré tous ses efforts, il n'a pas réussi à se libérer. J'étais tellement sûre de sa présence pour un tel évènement que j'avais tout imaginé à l'avance, une robe adorable pour lui plaire, un petit repas aux chandelles comme on aime tant en partager, et aussi un gâteau au chocolat avec plein de bougies à souffler. J'aurai dû suivre ma première impulsion, et prendre la route ce matin pour le rejoindre !

Avec les enfants à ramener chez leur père en fin d'après-midi, ça m'a vite paru difficile à réaliser. En plus, il aurait fallu poser une journée d'absence au dernier moment, et ça, mon chef de service n'apprécie pas trop. Pour couronner le tout, il pleut depuis le début de la semaine et j'ai horreur de conduire sous la pluie. A trop y réfléchir, je n'ai pas osé agir, et à présent je le regrette amèrement. Je suis là, à tourner en rond dans la salle de séjour, mais aussi dans ma tête. Par moments, je me convaincs d'avoir fait le bon choix en restant sagement à la maison. Je me dis que je suis raisonnable de m'occuper des enfants, de mon travail, et puis, la minute d'après, je m'en veux de ne pas avoir sauté dans la voiture et pris la route sans me poser de question. Je n'ai vraiment pas l'âme d'une Pénélope pour rester paisiblement à tricoter dans ma chambre, en attendant que mon Ulysse revienne de voyage. J'ai besoin d'être avec lui, de l'accompagner dans ses pérégrinations, de partager chacune de ses aventures, d'être à ses côtés pour le meilleur et pour le pire.

Il est déjà dix-neuf heures, il doit avoir terminé son boulot. Je vais pouvoir l'appeler, lui raconter ma déception de me retrouver si loin de lui, un jour comme aujourd'hui. Malheureusement, son téléphone ne répond pas !

Pire, j'atterris directement sur le répondeur, comme si l'appareil était éteint. L'appartement m'apparaît tout à coup froid et vide, le silence devient pesant. Toutes sortes de pensées me traversent la tête. Pour me changer les idées, j'essaie de préparer à manger. Mais je n'ai pas assez faim pour trouver la moindre idée de plat à cuisiner. A la télé, rien n'arrive à retenir mon attention. Je tente un nouvel appel. De nouveau, je tombe sur le répondeur !

L'inquiétude s'empare de moi. Je me mets à parler toute seule, multipliant les questions et les réponses. J'imagine des scénarios de plus en plus sombres, dans lesquels il est question de femmes sensuelles, de rendez-vous dans des chambres d'hôtel, ou de trahison. Tout à coup, la sonnette d'entrée me sort de mon délire. Essayant, tant bien que mal, de reprendre mes esprits et de calmer mon cœur qui bat à tout rompre, je respire profondément, puis me dirige d'un pas hésitant vers la porte d'entrée. Quelle n'est pas ma surprise en l'apercevant dans l'œil du judas. Mon chéri est là, sur le palier, souriant et détendu. Je tourne la clef, ouvre la porte, mais au lieu de l'embrasser joyeusement, je m'entends lui dire :

— Pourquoi as-tu éteint ton téléphone ?

Me mordant les lèvres, je m'en veux aussitôt d'avoir laissé ces mots jaillir hors de ma bouche !

C'était plus fort que moi, toutes ces heures passées à ressasser de sombres pensées, ça ne pouvait pas finir autrement. Ma question lui fait l'effet d'une gifle, il a un léger mouvement de recul, et ses yeux s'écarquillent, effaçant le sourire qui illuminait son visage. Puis se reprenant, il me tend une bouteille de champagne en me souhaitant joyeux anniversaire, mais sans grande conviction. Nous nous embrassons tout de même, et je le fais entrer dans l'appartement en lui racontant mes états d'âme successifs, depuis mes appels infructueux en fin d'après-midi jusqu'à son coup de sonnette. Il écoute mes explications avec un air étonné, se demandant certainement si je ne suis pas un peu névrosée. Pour finir, je lui avoue m'en vouloir énormément de lui avoir fait ce reproche et de l'avoir agressé, au lieu de lui sauter au cou pour l'embrasser. Son regard est redevenu doux, il prend mes mains dans les siennes, et me parle tendrement :

— Tu sais, l'important c'est d'être avec toi ce soir, et de fêter ton anniversaire. Ne t'inquiète pas pour ce cri de détresse. Tu as laissé l'inquiétude envahir ton esprit durant toute la journée, alors c'est un peu normal qu'elle ait jailli de ton cœur dès tes premières paroles. Maintenant que le calme est revenu, je vais pouvoir m'expliquer : en réalité je voulais juste te faire une surprise ! Si j'avais répondu au téléphone, tu aurais certainement deviné que j'étais en train de conduire. Te connaissant, tu m'aurais posé mille questions pour savoir où j'allais, et j'aurais fini par vendre la mèche. Du coup, j'ai préféré éteindre mon portable !

En l'écoutant, je repense à toutes ces aberrations inventées sous le coup de l'inquiétude. Un profond sentiment de honte m'envahit. Un malaise presque palpable inonde mon ventre, et je sens mes jambes se dérober sous le coup de l'émotion. Avant de vaciller, je lui propose de s'asseoir près de moi, dans le canapé. Je me blottis contre lui, me cachant le visage dans le creux de son épaule. Il me caresse les cheveux, essayant de me rassurer :

— Tous ces changements, ces épreuves traversées en si peu de temps, ces centaines de kilomètres qui nous séparent chaque semaine, c'est un peu normal de craquer. Ne t'en veux pas trop d'avoir laissé toutes ces pensées te submerger. Profitons plutôt du bonheur d'être ensemble. Le temps est tellement court, demain à l'aube, je dois reprendre la route. Allez viens, c'est ma tournée !

Tout en disant cela, il récupère la bouteille de champagne restée tristement abandonnée sur le meuble à chaussures de l'entrée, puis va à la cuisine, à la recherche de deux verres.

— Tu n'aurais pas des flûtes à champagne ?

Le cœur encore lourd, je quitte à mon tour le canapé, attrape deux flûtes dans le buffet du séjour, et les installe sur la table basse du salon. Aussitôt, un claquement sec me fait sursauter. Il rit comme un gamin en remplissant nos verres, et je ne peux m'empêcher de sourire en considérant ce retournement de situation totalement inespéré.

Histoire de mettre malgré tout un petit air de fête dans l'appartement, je vais récupérer quelques cacahuètes et autres amuse-gueules à la cuisine pour les disposer à côté du champagne, dans de petits bols colorés. Il remplit les verres, m'en donne un, puis s'écrie joyeusement :

— A ton premier anniversaire dans cette nouvelle vie !

L'alcool aidant, l'atmosphère devient plus gaie. J'oublie toutes les pensées négatives qui s'étaient emparées de mon esprit ces dernières heures, et me laisse aller au bonheur tout simple d'être en sa compagnie.

Le réveil me sort d'un rêve agité dans lequel je me débattais avec de grands oiseaux noirs, avant de réussir à leur échapper en me réfugiant dans une sorte de grotte. En reprenant mes esprits, je réalise que la place dans le lit, à côté de moi, est vide et déjà froide. Marc est reparti depuis longtemps, comme prévu. Je ne sais pas comment il arrive à se réveiller sans sonnerie, surtout en plein milieu de la nuit. Au fond de moi, demeure une vague tristesse de l'avoir laissé s'en aller sans même l'embrasser. Je me lève, espérant malgré tout le voir, malheureusement, l'appartement est vide. Sur la table de la cuisine, traînent encore un paquet de café et un filtre neuf, prêt à être utilisé, mais pas le moindre petit mot pour me réchauffer le cœur. Peut-être m'en veut-il de lui avoir gâché la surprise de la veille ?

Profondément déçue, je prépare machinalement le café, et en plaçant le filtre, j'aperçois une inscription :

« Si tu fais passer ton café dans ce filtre d'amour.

Tu ne pourras t'empêcher de m'aimer, pour toujours. »

J'éclate de rire !

En même temps, je m'en veux d'avoir encore douté de son amour en laissant de sombres pensées s'immiscer dans mon cœur. A cette heure, il doit encore être sur la route. Pas possible de l'appeler pour partager le bonheur d'avoir découvert son gentil mot d'amour. Faute de mieux, je lui écris un texto, puis me prépare pour aller au travail.

A peine arrivée, ma collègue, que je salue en passant devant son bureau, me demande pourquoi je fais cette tête. Les évènements de la veille ont dû laisser des traces visibles sur mon visage, car elle me trouve les traits tirés. Un peu à contrecœur, je lui raconte le gâchis de ma journée d'anniversaire sans trop entrer dans les détails. Malgré cela, elle se moque gentiment de moi :

— La tête qu'il devait faire, tu auras de la chance si tu le revois !

Pour ne pas perdre la face, je continue de plaisanter avec elle, mais au fond de moi je n'en mène pas large. En l'écoutant, je prends soudain conscience de ma stupidité dans toute son ampleur. Prétextant un travail important à réaliser d'urgence, je me réfugie dans mon bureau où je m'effondre en larmes. Plusieurs minutes s'écoulent avant de retrouver un semblant de calme. Durant le reste de la journée, de sombres pensées occupent mon esprit, un mélange épouvantable de remords et de peur. Remords d'avoir gâché ma soirée d'anniversaire, et peur de ne plus jamais le revoir.

De retour à la maison, je prends le téléphone et l'appelle. Malheureusement, je tombe sur le répondeur. Décidément je n'ai pas de chance avec ces appareils. De nouveau contrariée, je laisse un message impersonnel, lui demandant de me rappeler. Comme la veille, mon imagination s'emballe. Je n'arrive pas à retenir mes pensées, inventant toutes sortes d'histoires plus rocambolesques les unes que les autres. Pour essayer de me changer les idées, j'allume la télévision, et m'installe confortablement dans le canapé. Les images défilent sur l'écran sans retenir mon attention. Peu à peu la pénombre envahit la pièce, et la lueur du téléviseur dessine des ombres chinoises sur les murs. Elles dansent autour de moi, me distrayant davantage que le contenu du téléfilm en cours. Je réalise tout à coup qu'il doit être tard. Je retente un appel, mais à nouveau, je tombe sur la voix de cette maudite femme sur le répondeur. Une terrible angoisse s'empare de moi, réactivant toutes les idées noires tapies au fond de mon cœur. Heureusement, avant même d'avoir reposé l'appareil sur le buffet de la salle à manger, sa sonnerie retentit :

— Oui, allô !

La voix de Marc interrompt le brouhaha des pensées tournoyant dans ma pauvre tête. Percevant mon inquiétude, il essaie de me rassurer :

— Je garais la voiture quand la sonnerie a retenti, et le temps de récupérer mon appareil au fond du sac, tu avais déjà raccroché. J'étais allé faire un tour en forêt. Après plus de cinq heures d'autoroute et la journée au bureau, j'avais besoin de m'aérer un peu.

Je ne peux m'empêcher de lui parler de mon premier appel, un peu plus tôt. Là encore, il tente d'apaiser mon angoisse :

— Tu sais, là où j'étais, le portable ne risquait pas de passer. Le chemin longe le pied d'une falaise, et la plupart du temps, il passe sous le couvert des arbres. Le pire que l'on puisse imaginer en matière de réseau !

Devinant un certain agacement dans le ton de sa réponse, je fais mine d'être rassurée. Mais, du fond de mon cœur, je sens monter toutes sortes de questions empreintes de doute et de suspicion. Au lieu de partager son plaisir lorsqu'il me raconte en détail sa promenade le long d'une rivière coulant au pied de la fameuse falaise, je ne peux m'empêcher d'y ajouter des scènes d'infidélité. Il me parle du cours d'eau, tantôt calme et paisible, comme immobile à l'ombre des arbres, puis soudain, sauvage et rugissant en se faufilant entre les rochers d'un rapide. Et moi, je l'imagine, flânant main dans la main en compagnie d'une jeune femme, puis courant après elle pour l'attraper et l'allonger dans l'herbe tendre, au milieu de grands éclats de rire. Chaque détail de ses descriptions fait naître en moi une image de trahison !

Prétextant un plat sur le feu, j'abrège cette conversation devenue une véritable torture pour mon esprit en proie aux tourments. A peine raccroché, je pose le portable à sa place habituelle, sur le buffet de la salle à manger, puis je m'écroule sur le canapé avant d'éclater en sanglots. Recroquevillée en chien de fusil, un coussin calé contre moi pour me sentir en sécurité, je dois ressembler à un fœtus dans le ventre de sa mère. Peu à peu, mes pensées et mes larmes s'apaisent. Je somnole ainsi, à moitié prostrée, pendant de longues heures. Au milieu de la nuit, un violent mal de tête m'oblige à prendre de l'aspirine. J'en profite pour rejoindre mon lit, où je tourne comme une porte sur ses gonds, peinant à trouver un sommeil profond.

Au petit matin, mon réveil est difficile, presque nauséeux, et c'est dans un état un peu comateux que je me rends au travail. Je dois avoir les traits tirés et le teint blafard. Aussi pour éviter les sempiternelles questions des uns et des autres, je traverse le hall d'entrée le plus discrètement possible, et après avoir longé le couloir d'accès, je m'empresse de rejoindre mon bureau. A peine assise, ma collègue entrouvre la porte, sans même frapper, pour prendre de mes nouvelles. Elle a dû me voir passer, rasant les murs, et s'étonner que je ne m'arrête pas pour la saluer, contrairement à mon habitude. A son regard, je comprends tout de suite que je dois vraiment avoir une sale mine. Je ne me sens pas la force de lui raconter de boniments. Avant même d'avoir eu le temps d'ouvrir la bouche, j'éclate en sanglots. Elle entre, referme doucement la porte derrière elle, et vient s'asseoir sur le bord du bureau, tout contre moi :

— Toi, tu files du mauvais coton. C'est encore ton histoire de jalousie ?

Comme la veille, je lui raconte mes déboires, mais avec plus de détails. Des larmes coulent le long de mes joues, et m'obligent à avouer la gravité de la situation. Avec beaucoup de compassion, elle m'écoute, et m'aide à retrouver mon calme. Une fois apaisée, nous cherchons ensemble un moyen d'éviter ces crises de jalousie qui me pourrissent la vie. Je lui avoue être parfaitement consciente de la stupidité de mes réactions, mais incapable de maîtriser toutes ces émotions. Comme pour conclure notre discussion, elle dit sur un ton un peu doctoral :

— En fait, c'est une sorte de peur qui te submerge, sans te laisser la faculté de réagir sainement.

J'éclate de rire, croyant qu'elle joue à la psy pour se moquer de moi. En voyant son air étonné, je réalise ma méprise. En réalité, elle parlait sérieusement. Pour éviter de la froisser davantage, je lui demande humblement :

— Alors, qu'est-ce que je peux faire ?

— Ecoute, il y a quelque temps je me suis offert une séance chez une réflexologue. C'était magique. Non seulement elle te détend le corps, mais aussi, elle détecte les blocages émotionnels. Avec beaucoup de patience, elle parvient à te libérer de tes tensions, juste en te malaxant la plante des pieds. Et en plus, c'est trop agréable. Si tu veux, je te fais passer ses coordonnées, comme ça, tu pourras prendre rendez-vous avec elle.

Au point où j'en suis, je ne peux qu'accepter sa proposition, et la remercier de tout mon cœur, pour son aide. Avant de sortir de mon bureau, elle se retourne vers moi, et à mi-voix me promet :

— Surtout, ne t'inquiète pas, tout cela reste entre nous !

6 – De Charybde en Scylla

« Débarrassons-nous de tout ce qui nous empêche de vivre sereinement : la peur, le pessimisme ou l'échec.
Rejetons ce qui nous gâche l'existence.
Et accédons à la confiance et au bien-être. »

C'est la troisième fois que je relis cette citation, et elle ne me parle guère. En fait, je suis bien trop nerveuse à l'idée de rencontrer la réflexologue que ma chère collègue m'a conseillée, pour parvenir à me concentrer correctement. Cela fait déjà une bonne demi-heure que je patiente dans cette minuscule salle d'attente, en me demandant ce que je peux bien faire là. La pièce se résume à un petit réduit situé dans un recoin d'un couloir particulièrement étroit. Deux chaises en plastique inconfortables composent l'essentiel du mobilier. Face à moi, une immense affiche représente un escalier en pierre s'élevant en spirale pour se perdre dans les nuages, avec en dessous la fameuse citation. L'image symbolise certainement la nécessité de quitter le monde matériel pour s'élever vers des domaines plus spirituels. Le texte, de son côté, doit être là pour nous guider dans cette ascension. Personnellement, je ne vois pas comment me débarrasser de la peur qui me submerge dès que mon chéri n'est plus à mes côtés. Absorbée dans mes pensées, je n'ai pas entendu arriver la thérapeute, et je sursaute en la voyant debout devant moi. Elle m'adresse un sourire amusé, avant de m'inviter à la suivre :

— Désolée d'interrompre votre méditation, c'est à nous.

M'indiquant le chemin d'un geste de la main, elle me laisse passer devant. Nous suivons l'étroit couloir qui mène directement à la salle de massage. La pièce est claire, avec de grandes baies vitrées donnant sur un parc arboré. Le contraste avec la salle d'attente est surprenant, mais sans me laisser le temps de m'étonner davantage, elle s'assied à son bureau et m'invite à prendre place en face d'elle. Jeune d'apparence, elle inspire confiance par la douceur de ses gestes et le timbre agréable de sa voix. Après les traditionnelles questions sur mon état civil et mes antécédents pathologiques, elle me demande avec beaucoup de bienveillance :

— Pourquoi cette envie de me rencontrer ? Vous désirez parler d'un problème précis, ou est-ce juste pour un bilan général ?

— …

Je la regarde, ne sachant pas trop quoi répondre. Pas facile de parler de mes excès de jalousie à une inconnue.

— Vous savez, ces derniers temps, j'étais un peu surmenée, et j'ai l'impression d'avoir toutes sortes de tensions dans le corps.

— Très bien, on va examiner cela de plus près ! Otez juste vos chaussures, je vais chercher une cuvette d'eau.

Joignant le geste à la parole, elle se lève pour aller récupérer son matériel dans un local contigu. Une agréable odeur de lavande imprègne l'air, donnant une impression de bien-être. Tout dans la pièce est agréable, la clarté provenant des grandes baies vitrées, la sobriété du mobilier, mais aussi les matériaux utilisés. Le bois est très présent, même sur les murs, apportant une touche chaleureuse à l'ensemble. Son bureau, également en bois, est installé devant une immense bibliothèque occupant tout le mur du fond. Sur les étagères, des casiers abritant des bougies colorées séparent les livres, rangés par paquets de tailles homogènes. Le mélange est réalisé avec beaucoup de goût, donnant à l'ensemble un aspect de légèreté. Le parfum de lavande semble provenir des bougies dont les flammes mettent en valeur les couleurs chatoyantes des couvertures de livres. L'indispensable table de massage en chêne massif, trône, imposante, au milieu de la pièce. Elle est recouverte d'une serviette en éponge blanche, d'apparence moelleuse. Dans cet environnement harmonieux, je sens mon corps et mon esprit se détendre peu à peu, me laissant gagner par la quiétude ambiante. Soudain, la jeune femme me tire de mes rêveries :

— Désolée de vous avoir fait attendre, j'ai reçu un appel. Une annulation de dernière minute.

Tout en s'excusant, elle dépose devant moi une bassine d'eau fumante.

— Vous me direz si la température vous convient ?

Prudemment, je trempe le bout des orteils dans l'eau, de peur de me brûler. Une fois rassurée, je plonge un pied, puis l'autre dans le liquide délicieusement chaud. La sensation est vraiment agréable, et ajoute encore au bien-être général. Pendant que je marine dans la cuvette, elle me pose mille questions au sujet du surmenage dont je lui ai parlé précédemment. Poursuivant son bavardage, elle s'agenouille devant la bassine, sort mes pieds de l'eau, les essuie l'un après l'autre dans une serviette étonnamment douce, avant de les masser délicatement à l'aide d'une huile parfumée.

La scène est étonnante. Elle me rappelle un passage des textes bibliques entendus il y a fort longtemps au catéchisme. De vagues souvenirs d'une femme de mauvaise vie, répandant des parfums sur les pieds du Christ, après les avoir baignés de ses larmes. Un peu déconcertée, je me laisse faire, même si au fond de moi, je ressens une certaine gêne de la voir ainsi, agenouillée devant moi. Mais pour elle, cela paraît parfaitement naturel. Souriante, elle se redresse, puis m'invite à rejoindre la table de massage. Un marchepied permet de s'y installer facilement. Une fois dessus, je m'allonge confortablement, tandis qu'elle prend place sur un tabouret à hauteur de mes pieds.

— Je vais commencer par vous faire un petit bilan général. Pour nous réflexologues, la plante des pieds est le résumé parfait de tout le corps : on y retrouve des terminaisons nerveuses correspondant à chaque organe. Ainsi, suivant les tensions rencontrées, on peut en déduire l'existence de problèmes facilement localisables.

M'expliquant les bases de la réflexologie, elle entreprend de me malaxer méticuleusement la plante des pieds, en commençant par les orteils. Je me laisse faire, mise en confiance par la sérénité ambiante, mais aussi par la gentillesse naturelle de la jeune femme. Tout à coup, elle me fait sursauter :

— Incroyable, vous êtes un véritable cas d'école ! Je n'avais jamais palpé un gros orteil aussi dur. J'ai beau le pétrir dans tous les sens, il reste raide comme la justice.

Histoire de me rassurer moi-même, je lance sur un ton amusé :

— Et c'est grave docteur ?

Elle sourit, puis m'explique les liens étroits qui unissent cette zone du pied à notre mental :

— Vous devez beaucoup raisonner, en rabâchant

toujours les mêmes ressentiments, n'est-ce pas ?

Comprenant que je n'ai rien à gagner à jouer au chat et à la souris avec elle, je lui avoue mes problèmes de jalousie excessive :

— Vous comprenez, mon chéri vit seul, sans aucune contrainte, à des centaines de kilomètres d'ici. Et moi, je suis coincée à la maison avec les enfants. J'ai toujours peur qu'il profite de ces circonstances pour mener une double vie en abusant de ma candeur.

— Oui, mais pourquoi acceptez-vous cette situation ? Dès le début, vous auriez dû vous entendre sur vos attentes réciproques !

— Ce n'est pas si simple, et c'est là tout mon problème ! Je suis trop impulsive : j'ai une fâcheuse tendance à suivre les élans de mon cœur. Par exemple, en apprenant la maladie de ma mère, ma première réaction a été de vouloir m'occuper d'elle, d'être présente à ses côtés pour affronter ce cancer contre lequel elle devait se battre. A l'époque, mon patron me proposait de signer un contrat de longue durée, au lieu de cela, j'ai quitté mon boulot pour pouvoir me consacrer à elle. Plus tard, lorsqu'elle est morte, j'ai voulu retrouver un travail, mais là, ça a vraiment été la galère. Je m'en suis profondément voulu d'avoir démissionné sur un coup de tête. C'est tout moi, j'obéis à mes impulsions sans réfléchir, et à la moindre difficulté, je m'en veux.

— Vous ne pouvez pas regretter cela ! réagit-elle, visiblement choquée. C'était trop important d'être auprès de votre mère dans un moment aussi tragique.

— Je sais. Tout de même, si j'avais pris le temps de réfléchir, j'aurais sûrement pu organiser ma vie entre mon métier et ma mère. Il existait certainement des solutions moins radicales que de démissionner.

— Oui, bien sûr, vu comme cela ! Et avec votre conjoint, c'est la même chose ?

— Tout à fait ! Dès que je suis tombée amoureuse, j'ai tout envoyé promener, comme ça, sans réfléchir aux conséquences. Je savais au fond de mon cœur que je venais de rencontrer l'homme de ma vie, et rien ni personne ne pouvait m'empêcher de le suivre. Ni mon mari, ni les enfants, et encore moins mon train-train quotidien.

— Et maintenant que des difficultés apparaissent, vous vous demandez si vous n'avez pas fait une bêtise ?

— C'est exactement ça ! Tant que je suis dans l'action, tant que j'écoute mon cœur, tout va bien. Cependant, dès que je me remets à penser, à peser le pour et le contre, je perds pied. Je doute de tout, de moi bien entendu, de mes choix, surtout de lui, de ses véritables sentiments pour moi, de sa fidélité, de sa loyauté. Par moments, j'ai l'impression de devenir folle.

M'écoutant attentivement, elle continue à malaxer mes orteils avec de plus en plus de vigueur, à tel point que cela devient douloureux. Par réflexe, je retire mon pied en repliant la jambe. Surprise, elle me demande :

— Cela vous fait mal ?

— …

Face à mon silence, elle reprend :

— Sincèrement, je pense pouvoir vous soulager momentanément en vous apportant un peu d'apaisement, mais cela ne réglera pas le fond du problème.

Sa voix demeure douce et son regard bienveillant, tandis qu'elle prononce cet horrible verdict. Instinctivement, je sais pouvoir lui faire confiance et je me sens prête à suivre ses conseils. Lorsqu'elle me propose d'aller consulter un psychologue, un sentiment de panique m'envahit, et je ne peux m'empêcher de lui demander :

— Mon cas est donc si grave que ça ?

— Non, n'ayez crainte ! Il n'y a rien de dramatique à aller chez un psychologue. Et moi, à mon niveau, je ne pourrai que vous procurer une amélioration passagère.

Au mieux, je ferai disparaître quelques tensions musculaires, malheureusement, dès que votre mental recommencera à broyer du noir, les contractures réapparaîtront, c'est certain.

Puis, sur le ton de l'humour, elle poursuit :

— Remarquez, je ne devrais pas vous conseiller cela. Vous auriez pu devenir une très bonne cliente pour moi !

J'ai un peu de mal à apprécier son humour. Décidément l'idée d'aller voir un psy ne me fait pas rire. Voyant que je n'arrive pas à me détendre, malgré tous ses efforts, elle se lève, et vient s'asseoir sur la table, tout contre moi. Avec beaucoup de tendresse, elle prend ma main dans les siennes, et en me fixant droit dans les yeux, elle m'explique calmement son point de vue :

— Se rendre chez un psy ne vous range pas automatiquement dans la catégorie des fous. Considérez plutôt celui-ci comme un conseiller possédant des outils adaptés pour vous aider à régler un problème passager. J'en connais un qui ne vous parlera ni de théorie, ni de traitement.

A moitié convaincue, j'essaie tout de même de sourire, histoire de ne pas trop la décevoir. Elle me regarde alors, avec la tendresse d'une mère pour sa fille souffrante.

— Ecoutez, je vais vous donner son téléphone, cela ne vous engage à rien, et au moins, si un jour ou l'autre, vous changez d'avis, vous pourrez toujours l'appeler de ma part !

Comprenant que la séance est terminée, je me redresse, descends de la table, et vais remettre mes chaussures. Sans trop savoir pourquoi, je lui fais la bise en la quittant, un peu comme à une amie.

Une fois à la maison, je ne peux m'empêcher de repenser à son conseil. J'ai un peu de mal avec cette idée bizarre d'aller voir un psy. Je ne suis même pas sûre de pouvoir en parler à Marc, et encore moins de lui demander son avis. Décidément, la visite chez cette réflexologue n'aura pas réglé grand-chose, je me sens encore plus perturbée qu'auparavant. Pour me calmer, je décide de prendre une bonne douche chaude. M'occuper de moi, va me changer les idées !

7 – Pourtant le bonheur existe

« Bravo !

Vous venez de gagner « un voyage surprise ».

Un voyage pour un long week-end en amoureux.

Sans soucis, juste pour profiter du bonheur à deux. Vos seuls bagages, un sac, avec le minimum vital.

Rendez-vous Mercredi avant 18 h.

A Blagnac sur le parking de l'église.

Autoroute A 620. Sortie 31 A.

Direction Aéroport de Toulouse.

Retour prévu lundi avant 12 h »

J'éclate de rire en réalisant ma naïveté. La carte d'invitation est si bien imitée que je l'avais prise pour une véritable promotion d'Agence de voyages. J'étais prête à appeler Marc pour lui annoncer la bonne nouvelle. Je préfère ne pas penser à la tête qu'il aurait faite en m'écoutant. Il m'aurait directement étiquetée d'un doux nom de la famille des gallinacés. Heureusement, j'ai eu la bonne idée de lire entièrement le prospectus avant de téléphoner, et certains détails m'ont mis la puce à l'oreille.

Passé le moment de surprise, je réalise qu'il ne me reste plus que quelques heures pour faire ma valise, prévenir un responsable de mon absence pour le reste de la semaine, et enfin, organiser la garde des enfants en téléphonant à leur père. Je suis persuadée que mon chef va me faire une comédie avant d'accepter de me laisser partir, et que mon ex-mari en profitera pour me traiter de mère indigne. Mais tant pis, j'ai toujours rêvé de vivre une telle situation : me faire enlever par un prince charmant, sur son cheval fougueux, sans savoir où il veut m'emmener, et le suivre sans me poser de questions !

Il me reste tout de même quelques détails pratiques à régler auparavant. Déjà, qu'appelle-t-il par minimum vital ?

A-t-il seulement une idée de ce qui est absolument indispensable à nous les femmes, surtout sans connaître la destination du voyage ?

J'hésite à l'appeler, ne voulant pas gâcher l'effet de surprise en lui posant trop de questions. Non, je vais improviser en prenant des habits passe-partout. Reste à préparer la voiture et à repérer l'itinéraire à l'aide d'Internet. Je préfère m'occuper de tout cela ce soir, sinon, je suis certaine de ne pas fermer l'œil de la nuit.

Arrivée à Blagnac, je repère de suite l'église dont le clocher dépasse largement au-dessus des toits. Comme prévu, il y a bien un petit parking situé juste en face de l'édifice religieux. Marc est déjà là, tranquillement assis sur un banc public. Le temps de me garer, il me rejoint, ouvre la portière, et me tend la main pour m'aider à sortir comme dans les films romantiques. Nous nous sourions, et sans prononcer le moindre mot, je l'embrasse amoureusement. J'ai l'impression de fondre dans ses bras après ce long trajet et toutes les tensions de ces derniers jours. Nous restons enlacés un long moment, puis je sens son étreinte se relâcher. Il m'écarte de lui, me regarde dans les yeux, avant de s'exclamer :

— C'est trop chouette que tu sois là. Tu es formidable, toujours prête à partir vers l'inconnu sans te poser de questions !

Je lui souris, flattée du compliment, même s'il est un peu exagéré. Il me prend dans ses bras, et me fait tourner autour de lui :

— En route vers de nouvelles aventures !

Puis redevenu sérieux, il poursuit :

— On va laisser ma voiture là, elle risquera moins que la tienne. Plus personne ne s'intéresse à de si vieux modèles.

Tout en disant cela, il récupère ses bagages et ferme tout à clef. Etonnée en voyant la taille de son sac, je lui demande d'une voix innocente :

— Mais c'est tout ce que tu emmènes ?

Le regard qu'il me lance trahit son inquiétude. Sans même prendre la peine de répondre, il va constater les dégâts en ouvrant le coffre de mon auto. Un éclat de rire confirme ma crainte : nous ne devons pas avoir la même notion du minimum vital. Se retournant, il m'explique avec beaucoup d'indulgence :

— Disons que pour garder l'effet de surprise, j'ai été obligé de rester un peu vague au niveau des bagages. En fait, nous allons prendre l'avion pour le Maroc. Alors ton manteau, tes bottes, et tous les habits chauds que tu as empilés dans ta valise ne seront pas très utiles là-bas !

Nous partons pour le Maroc, je n'en crois pas mes oreilles !

Je lui saute au cou, et l'embrasse de toutes mes forces. Mais peu à peu, des évidences s'imposent à moi. Je commence à réaliser la portée de ses paroles. Je n'ai jamais pris l'avion, je ne parle pas le marocain, je ne sais même pas si je suis capable de supporter les fortes chaleurs, et en plus …

Tout se met à tourner dans ma pauvre tête !

Alors, pour ne pas céder à la panique, je me serre contre lui, enfouis mon visage dans le creux de son épaule, et décide de ne plus penser à rien d'autre qu'au bonheur d'être avec lui. Comme s'il avait deviné mon désarroi, il prend les choses en main :

— Ecoute, c'est plus facile de voyager avec juste un sac à dos. Pas besoin de le faire enregistrer, pas de risque de le perdre, une fois dans l'avion, on le range dans des coffres situés juste au-dessus des sièges. En plus, à l'arrivée, on évite de longues files d'attente pour le récupérer. Ton sac de sport fera parfaitement l'affaire si tu arrives à tout mettre dedans !

Surprenant mon air incrédule, il rajoute, compréhensif :

— Ne t'inquiète pas, une fois là-bas, on pourra acheter tout ce qui nous manque, pour trois fois rien.

— Même des habits ?

— Surtout des habits. Chaque fois, je reviens de ce genre de pays avec un jean neuf et des chemises pas possibles !

Rendant définitivement les armes, je retire du sac tous les vêtements en tissu épais, et les remplace par quelques chemisiers légers récupérés dans la valise. Je complète l'ensemble avec des produits indispensables à toute « cocotte » qui se respecte. Une fois réglé le problème des bagages, il me propose gentiment de prendre le volant. J'acquiesce sans la moindre hésitation, n'ayant pas trop l'expérience de ce genre de situation.

Grand bien m'en a pris, car les abords de l'aéroport ressemblent à un véritable labyrinthe. Des panneaux aux codes mystérieux se dressent dans tous les sens, nous entraînant dans un dédale de routes et de ronds-points inextricables. Après maints détours, nous débouchons enfin sur un immense parking, perdu au milieu de nulle part, où des centaines de véhicules attendent, bien alignés, le retour de leur propriétaire. Il a dû remarquer mon étonnement, car il me dit sur un ton rassurant :

— Ne t'inquiète pas, il y a des navettes tous les quarts d'heure pour nous emmener jusqu'aux portes d'embarquement.

En fait, je ne ressens pas vraiment d'anxiété, je suis juste étonnée de garer le véhicule en rase campagne, si loin de l'aéroport. Mais je ne suis certainement pas au bout de mes surprises !

La navette nous dépose comme prévu devant l'entrée d'un immense hall. De nouveau, une multitude de panneaux nous dirigent, plus ou moins directement, jusqu'à notre porte d'embarquement. Nous passons la douane comme une simple formalité, et lorsque nous arrivons au poste de contrôle des billets, mon chéri m'explique :

— Tu vois, c'est l'avantage de ne pas avoir de bagages accompagnés, tout est plus simple. En plus, on évite des heures de file d'attente !

En effet, depuis que nous sommes montés dans la navette, tout a été très vite. J'ai un peu de mal à réaliser qu'à présent, nous sommes assis à l'intérieur d'un avion. J'ai presque envie de demander à Marc de me pincer pour voir si je ne suis pas en train de rêver. C'est inutile, car au même moment, il me serre amoureusement contre lui, et m'embrasse. C'est mon premier vol, mon premier voyage en Afrique, mais je n'ai aucune appréhension. Ma main dans la sienne, je me laisse emporter au-delà de la Méditerranée. Collée contre lui, je l'accompagne vers une ville, un pays, un continent dont j'ignore tout.

Le vol se déroule en toute sérénité, atterrissage en douceur et passage en douane particulièrement rapide. A la sortie de l'aéroport, une puissante odeur de fleurs d'oranger nous enveloppe. Exacerbée par la chaleur ambiante, le parfum légèrement sucré me monte presque à la tête. Une joie profonde s'empare de moi, et malgré mon sac et la fatigue du voyage, je tourne sur moi-même dans une danse improvisée, avant de finir dans les bras de Marc. Il en profite pour m'entraîner vers une file de taxis. Après quelques palabres, où il est question de dirhams et d'euros, l'un des chauffeurs accepte enfin de nous emmener jusqu'à notre lieu de résidence.

Il est très tard, la fatigue commence à se faire ressentir. Nous laissons la propriétaire des lieux, une vieille femme revêche, nous conduire jusqu'à notre chambre, sans prendre le temps de faire plus ample connaissance. Elle semble aussi pressée que nous d'aller se coucher. Voyager paraît simple et naturel en compagnie de mon chéri. Parfaitement rassurée, je m'endors en toute tranquillité.

Au matin, dès le lever du jour, l'appel à la prière nous réveille, comme pour nous dire, changement de décor : ouvrez grand vos yeux, vos oreilles, et préparez-vous à l'exotisme pour profiter pleinement de chaque instant. Des bruits de cuisine résonnent jusqu'à nous. Je me lève la première, et ouvre les volets de la chambre. Quelle n'est pas ma surprise, totalement émerveillée, je m'écrie :

— Mais on est dans un palais !

— Presque, un riad ! répond-il en émergeant de dessous les draps. Tu as dormi dans un riad, ce sont des habitations typiques de Marrakech. En demeurant ici, on va vivre au rythme marocain. Tu vas voir : dépaysement assuré !

Les chambres sont toutes à l'étage, disposées le long d'un corridor, entourant un immense patio, au centre duquel une fontaine répand son doux murmure. Les chants mélodieux de quelques oiseaux multicolores, perchés dans des plantes tropicales, ajoutent à la gaieté du jardin intérieur. Au milieu des arbustes, une table, parée pour le petit déjeuner, nous attend déjà.

Une fois habillés, nous descendons rejoindre nos hôtes. Ce matin, nous sommes accueillis par une jeune marocaine, souriante, parlant couramment le français. Elle nous installe à une table située au pied d'un immense bougainvillier aux couleurs de feu, qui étire ses branches jusqu'au rebord du corridor. Tout est déjà prêt : du café noir, du jus d'orange, des galettes de blé ou de maïs fait maison, du pain marocain, des confitures, et une multitude de fruits colorés. Un repas digne d'un roi.

— S'il vous manque quoi que ce soit, je suis dans la cuisine.

En même temps, la jeune femme nous indique, d'un signe de la main, une porte au fond du patio. Toujours aussi souriante, elle se retire discrètement. Quel calme, quel plaisir de manger fruits, gâteaux et tartines, accompagnés du chant des oiseaux dans la fraîcheur du matin !

Une fois repus, nous partons à la découverte de la ville, avec la Koutoubia pour seul repère. C'est la jeune serveuse qui nous a parlé de ce fameux minaret, visible depuis les quatre coins de la ville. Elle nous l'a montré par la fenêtre de notre chambre pour que nous puissions le reconnaître. Il dépassait largement au-dessus de toutes les maisons. Elle nous a recommandé de bien nous repérer par rapport à lui, d'abord pour trouver la célèbre place Jemâa el-Fna, mais aussi, pour ne pas nous égarer dans les souks de Marrakech.

A peine franchie la porte du riad, nous changeons de monde. Après la sérénité et la fraîcheur du patio, nous nous retrouvons propulsés dans le brouhaha des cyclomoteurs, et dans la chaleur humide des ruelles bondées de monde. Etonnant que de simples murs puissent si bien isoler de ce capharnaüm incessant. Marc me prend par le bras, et nous nous mêlons à la foule qui déambule en un flot continu. Loin devant nous, nous apercevons le sommet rassurant de notre minaret providentiel. Entraînés un peu malgré nous le long de sombres ruelles, nous finissons par déboucher sur l'incontournable place Jemâa inondée de soleil. Surprise : juste face à nous, se dresse la devanture de notre bonne vieille banque habituelle, la Société Générale. Un retrait au distributeur, et nous voilà en possession de nos premiers dirhams. Tout paraît simple, tout semble aller de soi. Je tiens la main de mon amoureux et je me laisse guider. L'avenir ne m'inquiète pas, le passé est resté en France avec tous mes soucis, et je savoure pleinement l'instant présent. Nous n'avons aucun programme, un évènement en entraîne un autre, et nous sommes entièrement disponibles pour le vivre ensemble. C'est exactement ce dont je rêvais, prendre la vie comme elle vient, sans me tracasser du lendemain. Sur l'immense place qui s'étend devant nous, des dresseurs de serpents nous font signe d'approcher. Nous voyant hésiter, l'un d'eux vient à notre rencontre, tenant dans les mains un énorme reptile vert :

— Tu veux le prendre, Madame ?

Je recule, horrifiée, en poussant un cri strident qui le fait éclater de rire. Il se tourne alors vers Marc pour refaire son numéro. Manque de chance, au lieu de crier d'effroi, ce dernier saisit calmement l'animal pour le mettre autour du cou, en guise de collier. Le camelot, un peu déçu, veut reprendre son bien, mais mon chéri, par pur jeu, lui demande, l'air très sérieux :

— Combien tu m'en donnes ?

L'autre, ne sachant pas trop si c'est du lard ou du cochon, perd son sourire, et regardant mon compagnon d'un air méfiant, insiste pour récupérer son bien, tandis que ses comparses s'approchent de nous. Ne voulant pas créer d'incident diplomatique, il rend le serpent à son propriétaire, puis lui donne un dirham que l'autre accepte avec un sourire légèrement crispé. Comprenant mon peu d'attrait pour ces reptiles, Marc m'entraîne un peu plus loin en me confiant :

— Je pouvais bien faire le malin tout à l'heure. J'ai appris à connaître ce genre de reptiles dans mon enfance, ce sont de braves couleuvres totalement inoffensives.

Il fait déjà très chaud au milieu de l'immense place. Aussi, en apercevant des montagnes d'oranges et de pamplemousses sur des étalages, je propose d'aller goûter un jus de fruit. La fraîcheur du pamplemousse venant d'être pressé, la chaleur du soleil qui caresse notre peau, et le spectacle permanent des vendeurs à la sauvette nous rendent profondément heureux. La vie paraît simple et joyeuse.

Sans la moindre appréhension, nous pénétrons par une ruelle sombre dans la célèbre médina de Marrakech. De chaque côté, des boutiques se succèdent sans interruption. Chacune ressemble à une caverne d'Ali Baba où s'empilent une multitude d'objets colorés. Chaque magasin est spécialisé, l'un dans les babouches, l'autre dans les foulards, ou les chemises. Il semblerait que tout puisse se trouver dans ce labyrinthe de boutiques, même les choses les plus improbables, comme des potions magiques à base de chauve-souris ou de crapaud séchés. Nous entrons chez un marchand de babouches. J'en ai vu une paire qui me plait particulièrement pour son style très européen. Sur les étagères sont alignées toutes sortes de chaussures, dans divers coloris, et dans toutes les tailles. Je ne sais plus où donner de la tête, plusieurs modèles m'attirent, dans des teintes différentes. Reste le plus délicat mais le plus excitant : discuter le prix avec le marchand car il n'y a jamais de montant affiché. Lui, n'aide surtout pas, ne donne pas la moindre indication, nous sommes seuls face à notre estimation. On ne sait jamais si on commence trop haut, ou si on exagère vers le bas. A la réaction du commerçant, on a toujours l'impression d'annoncer un prix dérisoire, or est-il vraiment sincère ?

Le prix annoncé par Marc est immédiatement multiplié par deux. Le vendeur espère sûrement arriver à un compromis à mi-chemin entre les deux montants. Mon indécision, entre plusieurs coloris, me donne une idée : on accepte son prix pour deux paires. Il hésite.

On fait mine de partir. Il tente un dernier compromis, mais, devant notre détermination, il cède, comme à regret.

Je suis tellement heureuse de repartir avec les babouches convoitées. Marc, de son côté, semble satisfait d'avoir si bien négocié, et le commerçant a sûrement fait une bonne affaire. Oui, c'est bien là le paradoxe du marchandage, nous quittons le magasin avec des chaussures à moitié prix, et pourtant, nous avons cette étrange sensation d'avoir été roulés dans la farine !

Nous qui n'avions besoin de rien, nous voilà en fin de matinée avec une quantité incroyable de chaussures, de foulards et de bijoux. Epuisés mais heureux, nous nous retrouvons, comme par magie, devant une gargote où cuisent, tajine, couscous et frites un peu grasses. Les tables, installées à même le trottoir, donnent sur la grande place. L'endroit est idéal pour observer le va et vient incessant de la foule en dégustant un plat local dans un cadre typique à défaut d'être confortable.

Après avoir bu le traditionnel thé à la menthe, la fatigue de notre matinée de shopping ajoutée à la chaleur de l'après-midi, nous poussent à retourner dans notre petit havre de paix. C'est la femme âgée du premier soir qui vient nous ouvrir. Comme espéré, nous sommes agréablement surpris par la fraîcheur et le calme du patio. La propriétaire ne s'exprime pas dans un français très limpide. Elle réussit tout de même à nous faire comprendre qu'elle peut nous préparer un tajine à la marocaine pour le repas du soir. Cela ne pouvait pas mieux tomber, nous acceptons de suite. Ainsi, nous pourrons passer le reste de l'après-midi en profitant tranquillement du jardin et de la fontaine, tout en nous documentant sur Marrakech. Ce matin, j'ai aperçu sur une étagère de notre chambre des livres présentant la célèbre ville rouge.

8 – A l'écoute de nos émotions

Comme hier matin, c'est l'appel à la prière qui nous réveille. Des cris, presque des jappements, provenant d'une mosquée toute proche. La veille, nous l'avons repérée sur le plan de la ville d'un des guides que nous avons feuilletés. Sa visite fait partie de notre programme de la journée, avec celle de l'ancien quartier juif.

A peine poussée la porte de notre riad, nous replongeons dans la cohue extérieure. Ne sachant pas dans quelle direction aller, nous demandons à un jeune Berbère où se trouve la mosquée.

— Pas de problème. Si tu veux, je vous fais voir.

Et, sans même nous laisser le temps de répondre, il nous invite à le suivre dans le dédale des ruelles de la médina. Très vite nous débouchons sur une petite place entourant un immense bâtiment de couleur ocre. Il s'arrête devant une large porte à travers laquelle on peut découvrir l'intérieure de l'édifice.

— La mosquée de la Kasbah. Vous pouvez regarder un peu, mais toi, Madame, tu t'avances pas.

On aperçoit vaguement des mosaïques colorées recouvrant les murs, et quelques fidèles, à genoux sur de petits tapis, tous orientés dans la même direction. Notre guide, subitement devenu nerveux, ne nous laisse pas assez approcher pour en voir davantage. Déjà, il nous entraîne sur le côté de l'édifice. Quelques femmes, un foulard sur les cheveux, discutent devant une petite porte dérobée.

— Voici l'entrée réservée aux femmes, nous dit-il. La grande porte, elles n'ont pas le droit de l'utiliser. Mais c'est déjà bien de pouvoir entrer !

Il nous explique qu'il ne faut pas trop traîner par là, car c'est le jour de la prière. En échange il nous propose d'aller visiter le palais Bahia situé à deux pas d'ici. Devant sa nervosité grandissante, nous acceptons de nous éloigner de l'édifice religieux sans chercher à en savoir davantage. Mais, nous lui confions préférer découvrir l'ancien quartier juif, plutôt que son palais aménagé en musée.

— Pas de problème. Avec moi, vous pourrez même entrer dans l'ancienne synagogue. Il suffit de donner cinq dirhams au gardien, c'est bon.

En nous accompagnant, il nous raconte l'histoire de cet étrange ghetto, aujourd'hui déserté par les juifs. Plus nous pénétrons à l'intérieur, et plus les ruelles deviennent étroites et sinueuses. Le sol, en terre battue, est raviné et ponctué de flaques d'eau croupissante. Nous passons devant un four banal où des habitants du voisinage viennent cuire leurs galettes de pain. Un homme, couvert de cendres et de sueur, s'affaire devant la bouche du four d'où sortent d'immenses flammes. Un peu plus loin, le guide nous montre la fontaine où des enfants viennent chercher l'eau de la maisonnée, faute d'eau courante. Plus nous avançons, et plus la misère s'accroît. Pas très rassurée, je lui demande si la synagogue est encore loin.

— C'est juste là, on est arrivés, Madame.

En effet, deux, trois pâtés de maisons plus loin, nous apercevons un homme habillé en uniforme, assis sur une chaise posée au milieu de la rue. Il se lève en nous voyant approcher, et parlemente avec notre accompagnateur. Comme prévu, nous donnons les cinq dirhams au portier qui aussitôt ouvre les grilles protégeant le bâtiment. La fameuse synagogue se résume à une simple salle dont le sol est couvert de tapis usagés. Un chandelier à sept branches, couvert de poussière, trône sur une espèce d'autel installé sur une petite estrade en planches. Tout semble à l'abandon, et nous avons un peu de mal à faire confiance au gardien lorsqu'il nous propose de venir assister à une célébration le lendemain soir. Poliment, mais prudemment, nous prenons congé de nos hôtes occasionnels, pressés de retourner vers des zones moins sordides. Notre guide insiste tout de même pour nous emmener visiter le cimetière juif. La simple évocation d'un tel lieu me donne la chair de poule. Marc, devinant mon inquiétude grandissante, glisse un billet au jeune Berbère, me prend par la main, et m'entraîne à sa suite. Plus nous avançons, et plus son pas s'accélère. Bientôt, nous dévalons des ruelles lugubres sans trop savoir où nous allons atterrir. Sa main se crispe sur mes doigts, trahissant sa soudaine inquiétude. Je ne me sens pas trop rassurée non plus : nous sommes les deux seuls Européens à traîner dans ces rues sombres, et les rares hommes que nous croisons, nous jettent des regards hostiles. Heureusement, devant une entrée de maison, un petit groupe de femmes est en pleine discussion. Nous en profitons pour leur demander notre direction :

— S'il vous plaît, la place Jemâa ?

Elles échangent entre elles quelques paroles incompréhensibles, puis la plus âgée pousse un cri strident. Aussitôt, nous voyons un gamin approcher en courant. La vieille femme semble lui expliquer quelque chose, puis d'un geste de la main, nous encourage à le suivre. Le jeune garçon nous regarde souriant, avant de demander :

— Place Jemâa ?

Nous acquiesçons d'un signe de la tête, et remercions l'ensemble du groupe pour leur aide précieuse.

Le gamin marche devant nous, se retournant de temps en temps pour s'assurer de notre présence. Il finit par s'arrêter devant l'entrée d'une boutique, semblable à celles des souks. Nous le regardons un peu surpris, ne sachant que penser, les femmes ont certainement mal interprété notre demande. Mais l'enfant insiste, en indiquant d'un doigt l'entrée du magasin, et en répétant :

— Place Jemâa, place Jemâa !

Légèrement incrédule, Marc lui donne une pièce. Nous nous regardons, un peu indécis, mais faute de mieux, nous décidons de franchir la porte vitrée sous les yeux amusés du gamin. Elle donne sur un de ces magasins de produits artisanaux, comme nous en avons déjà tant visités aux abords de la grande place. Nous entrons timidement. Une femme se lève dans le fond de l'échoppe, puis en allumant des lumières, fait apparaître d'autres pièces où s'empilent une multitude de marchandises disparates. En réalité, la boutique est immense, composée d'une succession de salles plus ou moins éclairées, reliées entre elles par des escaliers. Sans un mot, nous traversons les premières pièces, ne sachant pas trop dans quelle galère nous sommes en train de nous embarquer. Un homme, surgissant d'un recoin obscur, me fait sursauter. D'un geste, il éclaire une nouvelle salle où sont exposés des tapis d'Orient. Il devait somnoler sur l'un d'eux, en attendant la visite d'un improbable client. Il essaie de nous présenter sa marchandise. Voyant notre peu d'intérêt pour les tapis, il décide d'illuminer une autre pièce. Des montagnes de produits d'origine juive y sont empilés. Une vraie caverne d'Ali Baba où nous découvrons les fameux rouleaux en cuivre dans lesquels étaient enroulés les parchemins de la Thora, et des chandeliers à sept branches dont parle la Bible. Je n'ai pas le cœur à m'extasier devant ces merveilles du passé. En contrebas, au fond d'une salle restée dans la pénombre, j'aperçois un rayon de lumière du jour filtrant sous une porte. J'entraîne Marc par la main, sans même prendre le temps de saluer le commerçant, bien trop heureuse de sortir vivante de ce sinistre labyrinthe. A peine dehors, mon compagnon s'écrie :

— La place Jemâa !

En effet, au bout de la rue où nous venons d'atterrir, on aperçoit l'immense place reconnaissable à son célèbre minaret. Nous n'en croyons pas nos yeux, comment avons-nous pu arriver là, après tous ces détours ?

Soulagés de nous retrouver en terrain connu, nous nous embrassons passionnément. Au risque de gâcher ce moment de bonheur, je ne peux m'empêcher d'exprimer mon inquiétude :

— Tu n'avais pas peur dans ces ruelles sordides ?

— Un peu, quand même.

— Moi, j'étais terrifiée. Le pire, c'est que tu paraissais tranquille, presque insouciant !

— A un moment, avoue-t-il, je n'étais pas très fier. Comme ça, j'avais l'air de suivre aveuglément notre guide. En réalité, je ressentais en moi une impression de danger. Peut-être à tort, mais on ne sait jamais ! C'est pour cela que j'ai coupé court à la visite de la synagogue et à celle du quartier du Mellah. Tu sais, l'essentiel est de rester à l'écoute de nos émotions. La peur peut être une alliée particulièrement utile dans certaines situations. Souvent, notre âme repère les dangers bien avant nous. Si on est attentif, on peut observer des changements dans notre corps : des tensions au niveau de nos reins, une difficulté à respirer. On peut alors en déduire que notre âme est inquiète. A partir de là, il faut être très vigilant, et savoir fuir si besoin.

— C'est pour ça que tu as accéléré le pas à un moment ?

— C'est pour ça ! Dès que j'ai pris conscience d'une sensation de malaise, je n'ai pas essayé de me raisonner, j'ai immédiatement cherché à nous ramener en lieu sûr. Et tant pis, si aux yeux de certains, on risque de passer pour des poltrons.

Moi qui le croyais trop insouciant, me voilà rassurée. Sous ses airs nonchalants, je me rends compte qu'il veille tout de même à notre sécurité.

Pleinement rassuré, je me serre contre lui, prête à aller au bout du monde en sa compagnie.

Aujourd'hui, c'est journée tourisme, style voyage accompagné, pour nous remettre un peu des émotions fortes de la veille. Nous avons réservé deux places pour une visite commentée de la ville. Le bus, sensé nous emmener faire le tour des jardins de Marrakech, reste immobilisé une bonne demi-heure devant un hôtel. L'un des participants a simplement oublié de se réveiller, les joies des voyages en groupe !

Enfin, la visite commence, premier arrêt dans la célèbre oliveraie de la Ménara et son immense bassin où grouillent de monstrueuses carpes. Le parcours est ponctué de quelques commentaires succincts de notre accompagnateur. Puis en route pour les jardins de Majorelle. Là, devant l'entrée, notre guide nous abandonne, en nous donnant l'heure du départ pour seule information. Heureusement, dans une boutique de souvenirs, située aux abords du parc, nous avons la chance de trouver un livre sur le célèbre site et sur son histoire. L'ancien propriétaire, Jacques Majorelle, un peintre tombé sous le charme de ce pays déconcertant, a aménagé la maison et son jardin en y imprimant sa vision personnelle. Les perspectives, les couleurs, l'eau des bassins, les arbustes et les plantes, tout rappelle le raffinement de l'Orient. Emerveillée, je tombe sous le charme de ce parc aux allures tropicales et de cette maison au bleu éclatant. Je m'imagine cueillant quelques fleurs colorées pour décorer la maison de mes rêves, heureuse d'y accueillir des invités pour une fête somptueuse. Mais déjà, il est l'heure de rejoindre notre groupe, le bus doit être prêt à repartir. Un dernier arrêt est prévu dans la médina, pour la visite d'une herboristerie.

Nous parcourons les rues étroites de l'immense marché au pas de charge, nous devons certainement avoir pris du retard sur l'horaire. L'herboristerie est un ravissement pour les yeux. Des paniers débordant de graines, de poudres ou de fleurs séchées décorent la devanture. Des effluves de parfum d'Orient embaument l'air. A l'intérieur, des bocaux aux multiples couleurs occupent des pans de murs entiers. Ils sont rangés par thème, et contiennent : plantes pour se soigner, poudre de maquillage, ou encore, philtre d'amour. A peine terminée la présentation des différents produits et de leurs propriétés, notre groupe retourne vers le bus qui doit nous emmener dans un célèbre restaurant de la place Jemâa. Nous en profitons pour nous échapper, préférant manger dans une gargote plutôt que dans un restaurant touristique.

L'après-midi est consacrée au bronzage dans le jardin de notre riad. Une vraie journée, style Club Med, qui se termine par l'inévitable couscous, préparé par notre charmante hôtesse.

Pour notre dernier jour, le programme est allégé. Nous avons rendez-vous dans un hammam marocain pour un après-midi de détente. A peine arrivés, nous sommes accueillis par une jeune femme, une Berbère ne parlant pas français. Elle nous introduit dans une petite salle carrelée de mosaïque bleue où règne une douce pénombre humide et tiède. Elle nous fait asseoir côte à côte sur une banquette en béton recouverte du même carrelage. Après nous avoir aspergés d'une eau juste tiède, elle me fait lever, et m'invite à me tenir au milieu de la pièce. Sérieuse, appliquée, silencieuse, elle me frictionne avec des gestes presque rudes. Pour détendre l'atmosphère, mon chéri s'adresse à elle avec des mimiques expressives. Elle finit par sourire, c'est gagné !

Il s'invite à nos ébats, écope de quelques seaux d'eau en pleine figure. La séance continue dans la bonne humeur, ponctuée d'éclats de rire. Le massage est des plus tonique, pour ne pas dire brutal. J'ai l'impression de sentir chaque muscle se décoller de mes os, tant elle me malaxe en profondeur. La douleur est parfois si forte que je ne peux m'empêcher de grimacer. Quand enfin elle pose une serviette chaude sur mon dos meurtri, je ressens un profond bien être m'envahir. Une onde de détente semble traverser mon corps, de la tête jusqu'à la pointe des pieds. Jamais auparavant, je n'avais ressenti un tel apaisement après un massage. Marc, qui n'a pas voulu en profiter, commence à le regretter, mais il faut bien garder quelques surprises pour un prochain séjour dans ce pays imprégné de traditions orientales fascinantes. Totalement conquise par ce voyage improvisé où nous décidions du programme au jour le jour, en fonction de nos envies, je ne peux m'empêcher de lui jouer le rôle de la petite fille capricieuse :

— Dis, c'est quand qu'on reviendra ?

Puis, je continue un peu plus sérieusement :

— J'ai trop aimé ce voyage. J'avais l'impression de profiter pleinement de chaque instant, c'était vraiment chouette !

— Tu as raison, tout était parfait, répond-il en souriant. C'est plus agréable de découvrir une ville de l'intérieur, et pas en simple touriste qui se contente de regarder. J'aime surtout quand on se mêle à la vie locale, en se mélangeant à la population pour partager un peu de leur quotidien. On va garder de beaux souvenirs de ce séjour.

— Oui, on est tellement bien ensemble, tout est simple à tes côtés. Quand on est comme ça, je suis détendue, je ne me fais plus aucun souci.

— Aucun soucis, de quoi veux-tu parler ? demande-t-il, légèrement surpris.

— Oh rien, c'est l'autre jour, une espèce de kiné trouvait que j'étais toute contractée. Comme ses massages n'y faisaient rien, elle m'a conseillé d'aller voir un psy.

— Un psy, pour des contractures !

— Oui je sais, c'est bizarre. D'après elle, ces tensions proviendraient de mon mal-être.

Marc me fixe, l'air sceptique. Il est tellement habitué à mon caractère plutôt joyeux qu'il doit peiner à m'imaginer d'humeur soucieuse. En plus, je me sens merveilleusement bien depuis le début de ce séjour à Marrakech. Certainement intrigué par cet aveu involontaire, il insiste malgré tout :

— A quoi faisait-elle allusion, en parlant de ton mal-être ?

— Oh ce n'est rien, toujours ces histoires de jalousie. Quand ça me prend la tête, ça me fait dire des horreurs, et après je m'en veux terriblement.

— Ah, c'est par rapport à ça, je comprends mieux. Tu sais, de telles réactions ont souvent leurs racines dans l'enfance.

— C'est bon, je vais bien. Dans tes bras, je suis heureuse, et je n'ai besoin d'aucun psy.

— Tu es bien actuellement parce que tu es paisible. Tant que tu te sens en sécurité, ton mental n'a aucune raison de s'emballer, mais dès que tu éprouves de la jalousie, l'émotion devient tellement violente que tu t'affoles, et tu dis tes fameuses horreurs.

— Qu'est-ce qu'on peut y faire ?

— La seule solution, c'est d'écouter son âme et de prendre soin d'elle. Pour faire les bons choix, il faut absolument tenir compte d'elle ! Tu te souviens, l'autre jour dans le quartier juif, je t'avais parlé de mon inquiétude grandissante.

— Oui, et alors ?

— J'aurais pu me raisonner, me dire : « c'est dommage de ne pas visiter le cimetière, ce doit être un lieu particulièrement intéressant à découvrir ». Je crois que nous sommes responsables de notre âme, nous devons la protéger lorsqu'elle s'inquiète. Il n'y avait pas vraiment de menace, juste des impressions, pourtant je n'étais pas bien.

— C'est la poussière sur l'autel de la synagogue qui t'avait mis la puce à l'oreille ?

— Peut-être, ou plutôt une sensation intérieure : une accélération du cœur, le mental qui s'agite. En plus, j'ai cru comprendre que toi-même, tu n'étais pas très rassurée par cette visite. Du coup, j'ai trouvé plus raisonnable de retourner vers des quartiers moins sordides.

— Je comprends mieux maintenant : tu accélérais le pas en me broyant la main parce que tu avais peur !

— Disons que je n'étais pas tranquille. Et pour apaiser mon âme, le mieux était de partir le plus rapidement possible. Mais quand une émotion te submerge comme dans le cas de ta jalousie, c'est beaucoup plus difficile de trouver la bonne réponse. Parfois, il faut l'aide de quelqu'un. Ta kiné n'avait peut-être pas tort.

— Oh ça va, oublie ça !

— En tout cas, sois tranquille, tu n'es pas seule !

En disant cela, il me prend dans ses bras et m'embrasse amoureusement. C'est comme ça que je me sens bien. Malheureusement, l'heure a tourné, et il est grand temps d'aller préparer les bagages ; ce soir, nous rentrons en France !

9 – A problème tenace, solution radicale

« L'ego dit : quand tout sera en place,

je trouverai la paix.

Le sage dit : trouve la paix,

et tout se mettra en place. »

La citation est imprimée sur le même type d'affiches que chez la réflexologue. Dessus, tout est identique, l'image de l'escalier s'élevant vers les cieux, le style de l'écriture, seul le texte diffère. Par contre, les salles d'attente sont totalement différentes. Ici, ce n'est pas un simple recoin le long d'un couloir, mais une pièce spacieuse avec quatre chaises se faisant face deux à deux, et une petite étagère où sont rangés quelques magazines. L'endroit est très sobre, dépourvu de toute décoration, mis à part la grande affiche. Sur la porte d'entrée, un panneau annonce aux visiteurs que la salle d'attente est commune aux cabinets du psychologue et à celui de l'homéopathe.

Réflexologue, psychologue, homéopathe, c'est tout un petit monde qui se développe en marge des médecines officielles devenues bien trop inhumaines. Cet univers parallèle semble fonctionner en se serrant les coudes, en utilisant le bouche à oreille, autrement dit : en remettant l'être humain à la première place. Tous ces thérapeutes donnent l'impression de se connaître entre eux, n'hésitant pas à se confier mutuellement leurs patients. En tout cas, si je suis assise dans cette salle d'attente, c'est bien grâce à la réflexologue. Sans elle, sans ses conseils, je n'aurais jamais entrepris une telle démarche. Et sans le numéro de téléphone qu'elle m'avait laissé, je n'aurais certainement pas contacté ce psy, même après la crise de l'autre jour.

C'était le lendemain même de notre retour de Marrakech. Après le séjour idyllique que nous avions passé dans l'étonnante ville marocaine, un mail, légèrement équivoque, a anéanti tout le bonheur partagé précédemment. Il contenait une photo de mon chéri en train de prendre le soleil dans le parc de l'établissement où il travaille, avec pour seul commentaire :

> *« Comme tu peux le voir, ici il fait super beau. Je pense à toi et à ton retour dans la grisaille. Mais promis, j'amènerai le soleil avec moi le week-end prochain. Courage à ma chérie d'amour. "*

Après avoir reçu son message, mon esprit ne cessa un seul instant de broyer du noir. Impossible de me concentrer sur mon travail, je me souviens avoir passé un après-midi interminable à imaginer les pires intrigues. De retour à l'appartement, j'essayai en vain de le joindre pour obtenir quelques précisions sur l'identité de la personne qui avait pris cette photo de lui. Je ne pouvais m'empêcher de l'imaginer en train de se promener en compagnie d'une jeune femme pour profiter de cette belle journée ensoleillée. Je les voyais flirter parmi les buissons couverts de fleurs, se photographiant dans des poses langoureuses, ou s'embrassant tendrement. J'avais l'impression de me retrouver dans la même situation qu'avant notre voyage au Maroc, incapable de calmer le flot des mauvaises pensées tournant sans fin dans ma tête. Je revivais le même malaise. Essayant un nouvel appel, je réussis à le joindre, mais après lui avoir fait part de mes inquiétudes, il me répondit simplement :

— Je voulais juste t'envoyer mon sourire pour te donner du courage.

Comme j'insistais pour savoir qui avait pris cette photo, il m'assura l'avoir fait lui-même. Ne parvenant pas à le croire, la conversation s'envenima, et agacé, il finit par raccrocher. Le jour commençait à décliner, et dans la pénombre de l'appartement totalement silencieux, je ressentis une profonde solitude. Je ne voyais personne à qui expliquer mon désarroi. Tout était en train de s'écrouler autour de moi, et je me sentais impuissante devant ce désastre. L'angoisse m'empêchait pratiquement de respirer, mon cerveau flottait dans un épais brouillard, et presque inconsciemment, je composai le numéro du psychologue, dans un dernier élan de survie.

Heureusement, je suis seule à attendre dans cette pièce un peu austère. Je n'ai pas trop envie de croiser un regard, même celui d'un inconnu car un imperceptible sentiment de honte m'accable. Depuis que j'ai franchi la porte du cabinet médical, j'ai la désagréable impression d'être anormale !

Pour me changer les idées, je relis le texte de l'affiche. C'est assez étonnant, on le dirait écrit pour moi. Si je suis là aujourd'hui, c'est bien à cause de ce mental qui m'empêche de trouver la paix. Trop souvent, il prend le dessus sur moi, allant par moments jusqu'à me tourmenter. J'espère seulement que ce psychologue connait un moyen de m'apaiser un peu.

Je ne vais pas tarder à le savoir, car il vient d'ouvrir la porte, et m'invite à le suivre dans son bureau. La pièce est accueillante, et contraste avec la froideur de la salle d'attente. Trois fauteuils d'apparence confortable, disposés autour d'une petite table basse, apportent un côté légèrement décontracté. Des rideaux épais, aux couleurs chatoyantes, ajoutent une note apaisante à l'ensemble. Lui aussi est rassurant, déjà par son physique tout en rondeur, mais surtout par son sourire naturel. Il me donne l'impression d'être la bienvenue, un peu comme s'il m'attendait depuis toujours. C'est un homme de contact : il me serre la main longuement, presque avec plaisir, et il semble particulièrement attentif aux sensations physiques. De sa voix chaleureuse, enveloppante, il m'invite à prendre place dans l'un des fauteuils, face à lui. Il doit être conscient de mon appréhension, car il parle de la pluie et du beau temps, comme s'il voulait détendre l'atmosphère en me mettant à l'aise. L'air de rien, il me pose, de temps en temps, des questions plus précises sur l'objet de ma démarche. La discussion semble anodine, mais certaines interrogations sont tellement directes, qu'à mon insu, je m'entends confier à cet inconnu des détails de ma vie intime. Très vite, nous en venons à parler de mon enfance, des relations avec chacun de mes parents, du regret de n'avoir jamais eu ni frère ni sœur. Il me pousse dans mes retranchements, m'aidant avec beaucoup de douceur à mettre à jour des souvenirs profondément enfouis : de ces évènements douloureux que l'on se cache à soi-même, tant ils nous ont fait souffrir dans le passé. Au début de l'entretien, c'est lui qui parlait le plus, de mon côté, je me contentais d'approuver chacun de ses commentaires d'un signe de la tête. A présent, c'est moi la plus loquace, j'exprime en toute simplicité les tensions avec mon ex-mari, ou encore, l'incompréhension vis-à-vis de la maladie de ma mère. Par moments, je m'étonne moi-même de mon manque de pudeur vis-à-vis de cet étranger. De fil en aiguille, j'en arrive à parler de ma dernière rencontre avec mon père. Lorsqu'il me demande davantage de précisions sur cet évènement douloureux, je me livre sans plus aucune retenue :

— Si je vous disais que ce souvenir remonte à un

mercredi matin, je m'en souviens comme si c'était hier. Mon père est venu me voir sous le coup de la colère. Je n'aurais jamais cru subir une telle violence de sa part ! Comme chaque mercredi, j'étais tranquillement à la maison en compagnie de ma fillette. Elle jouait, tandis que je vaquais à mes occupations de mère de famille, lorsque dans la serrure de la porte d'entrée, j'ai entendu le bruit d'une clef. Sur le moment, je ne me suis pas méfiée. Depuis le décès de ma mère, mon père passait régulièrement nous voir. Nous lui avions laissé la liberté de pénétrer dans l'intimité de notre famille quand il le voulait. Aujourd'hui je sais que c'était une erreur, j'aurais dû poser des limites dès le début.

Le psy acquiesce en ajoutant :

— L'important, c'est d'en être consciente aujourd'hui !

Je lui souris pour le remercier de cet encouragement, et poursuis :

— Il est entré dans le hall. En me retournant, je lui ai demandé : « Mais qu'est-ce que tu fais là ? » En effet, à neuf heures du matin, il n'y avait pas beaucoup de raisons pour qu'il débarque chez nous. Il a alors crié : « Je sais tout ! Ton mari m'a téléphoné, il m'a tout raconté. Tu es une garce. Il était prêt à renoncer à cette histoire de divorce, et toi tu pars avec ce type que tu connais de trois matins ! ». A partir de cet instant, j'ai vu dans ses yeux, si clairs habituellement, poindre une violence inouïe. Puis les gestes ont suivi. Il m'a d'abord frappée à la tête. Fort, si fort qu'aujourd'hui en y repensant, je ressens encore les coups. Ensuite, ses poings se sont abattus sur mes épaules, puis sur mes bras, que j'avais repliés pour me protéger. Je ne comprenais pas ce qui se passait. Mon propre père, ma seule famille, s'en prenant à moi comme à une ennemie. Devant cette scène surréaliste, ma fille s'est mise à pleurer. Comment ne pas pleurer ? Comment ce petit enfant rempli d'innocence, pouvait-il supporter de voir son papi violenter sa maman ? Je l'ai prise dans mes bras pour la rassurer, en essayant d'échapper à la furie de son grand-père. Je la consolais comme une mère peut le faire. Mais mon père continuait à crier : « Elle ne t'aime pas ! ». Et ma fille, les yeux inondés de larmes, répondait : « Si elle m'aime, si elle m'aime ! ».

Troublée par la force de l'émotion, je m'étrangle en prononçant ces derniers mots, peinant à garder mon calme. Le psy m'a écoutée sans rien dire, et il ne porte aucun jugement sur les détails de cette dernière scène de violence. D'un regard bienveillant, il m'encourage à aller au bout de ce terrible récit. Je respire profondément avant de continuer :

— Cet homme était comme fou. D'ailleurs, comment pourrait-on faire une chose pareille, en étant dans son état normal ? Ma seule faute était de vouloir divorcer. Deux couples sur trois le font de nos jours, est-ce une faute si grave ? Prise de panique devant tant de haine, j'ai saisi le téléphone et appelé un ami pour qu'il vienne me protéger de cet homme rempli de fureur. Déjà enfant, j'avais assisté à ces accès de violence, des crises imprévisibles. A l'époque, elles étaient dirigées contre ma mère, or jamais il n'avait osé la frapper. Certes, étant sa fille, il pouvait exercer son autorité sur moi, tout en gardant bonne conscience. J'avais quarante ans, et sa réaction me semble un peu déplacée. Jamais je n'oublierai ce regard froid. Lorsqu'enfin il est parti, il a claqué la porte en criant : « Tu n'es plus ma fille ! ». J'étais abattue, désespérée, comme anéantie. Depuis ce jour, je ne le vois plus, et je n'en éprouve aucun regret. Peut-être au fond, mon divorce aura-t-il permis une sorte de rupture avec mon père, comme une délivrance ? Aujourd'hui encore, j'ai un peu de mal à y voir clair dans cette sinistre affaire.

Devinant certainement une hésitation de ma part à aller plus loin dans ces confidences, il reprend la parole en essayant de résumer l'essentiel de nos échanges :

— Ce qui ressort de l'ensemble de notre discussion, c'est votre difficulté à construire une image valorisante de vous-même.

— …

Devant mon air perplexe, il traduit en langage courant :

— Plus simplement, je dirais que vous avez du mal à vous faire confiance. Vous êtes persuadée de n'avoir aucune valeur aux yeux des autres. Pour vous, aucun amoureux ne peut vous aimer durablement, même le plus sincère va forcément vous quitter pour une autre plus désirable. Il vous a certainement manqué ces paroles rassurantes d'un père, disant à son enfant : « Je suis fier de toi », ou encore : « Vas-y, tu en es capable ». Parfois même, un simple regard admiratif suffit à transmettre cette assurance indispensable à l'épanouissement de l'être intérieur. Et, d'après tout ce que vous m'avez raconté, je crois comprendre que votre père n'a pas toujours comblé ce besoin. D'où, peut-être, cette fragilité que l'on ressent chez vous. Apparemment, cela ne vous a pas empêchée de vous construire, et de devenir une charmante jeune femme.

Vous semblez parfaitement capable d'écouter votre cœur et de prendre des décisions. La preuve, vous avez eu le courage de quitter une existence qui ne vous convenait plus. Et pour ce qui est de la violence de votre père, elle s'explique aisément par la force de sa déception en apprenant votre divorce. Il a été blessé dans son amour propre et son ego en a pris un sérieux coup. Imaginez, tant que vous formiez un couple idéal avec votre époux, une famille modèle avec vos enfants, il devait être fier de vous, et par conséquent, fier de lui-même. En envoyant tout balader, vous avez brisé cette image idyllique que vous lui donniez de lui-même. Sans le savoir, vous vous en êtes directement prise à son ego, ce qui explique cette réaction disproportionnée. Pour le reste, tant que vous êtes dans l'action, vous ne semblez avoir aucun mal à aller de l'avant, mais…

Je ne peux m'empêcher de l'interrompre pour confirmer la justesse de ce dernier commentaire. Je lui raconte en détail la rapidité avec laquelle les évènements se sont enchaînés entre la conclusion de mon divorce, et le premier baiser de mon chéri, au pied de la statue de Vercingétorix. Je termine en lui expliquant l'état d'esprit dans lequel je me trouvais alors :

— Je savais ce que je voulais, et une force

incroyable me permettait de venir à bout de toutes les difficultés. Lorsque le doute s'est insinué en moi à la suite de certains malentendus, j'ai très vite eu le sentiment de perdre pied. Un peu comme si le sol se dérobait subitement sous moi.

Me laissant à peine terminer ma phrase, il reprend la parole avec une fermeté assez inattendue :

— C'est exactement ce que j'étais en train de vous dire. Tant que vous êtes dans l'action, tout va bien, mais dès que vous vous mettez à cogiter, vos vieux fantômes reprennent le pouvoir.

De peur de le contrarier en l'interrompant à nouveau, je laisse passer quelques secondes avant de lui demander si un jour j'aurai la chance d'échapper à cette tyrannie intérieure. Il fronce alors les sourcils, hésite un instant comme s'il réfléchissait, puis se lance avec assurance :

— En fait, dès que vous doutez, votre esprit se met en route, et vous entraîne malgré vous, soit dans le passé à ressasser des évènements désagréables, soit dans l'avenir pour affronter des peurs incertaines. Tout cela est bien inutile, nous n'avons aucun moyen d'effacer des paroles regrettables. De même, nous ne savons rien de notre futur, et toutes nos inquiétudes sont totalement incapables de nous éviter le moindre danger. Vous vous gâchez la vie pour rien, et vous dépensez beaucoup d'énergie en vain. Je suppose que vous êtes parfaitement consciente de tout cela, n'est-ce pas ?

— …

J'acquiesce d'une mimique qui doit certainement laisser transparaître mon désarroi, car il reprend ses explications comme s'il cherchait à mieux se faire comprendre :

— Écoutez, ce dont vous avez besoin, c'est de parvenir à demeurer dans l'instant présent. Votre ego va essayer par tous les moyens de vous entrainer vers le passé ou vers l'avenir. Dès que vous sentez vos pensées déraper vers de mauvais souvenirs, ou vers des craintes irraisonnées, trouvez la force de résister.

— Justement, c'est parce que je n'y arrive pas, que je suis là aujourd'hui !

Je n'ai pas pu me retenir. Je lui ai lancé cette évidence un peu sèchement, mais cela a été plus fort que moi. Lui, ne semble pas choqué de ma réaction, au contraire, il sourit comme s'il l'avait espérée.

— Très bien, je vois que vous êtes impatiente de trouver une solution. C'est déjà un bon point. Pendant notre conversation, une idée m'a traversé l'esprit. Je ne sais pas si c'est la meilleure réponse à votre problème, cependant cela vaudrait peut-être la peine d'essayer.

Je le fixe d'un regard interrogateur. Il se redresse légèrement sur sa chaise, et m'annonce sur un ton très sérieux :

— Vous devriez vous inscrire à un cours de yoga !

Je ne peux m'empêcher d'éclater de rire, avant d'ajouter, un peu gênée :

— Excusez-moi, ce doit être nerveux. Je suis vraiment perturbée, en ce moment.

Décidément, c'est sans fin. J'ai l'impression d'être un colis gênant que l'on se passe de main en main. A force d'être trimballée de réflexologue en psychologue, de psychologue en professeur de yoga, et de professeur de yoga en je ne sais quoi, je me demande où tout cela va bien pouvoir me mener ?

Jamais je n'aurai imaginé qu'on puisse un jour me conseiller une chose aussi saugrenue que des cours de yoga. Comment peut-on m'imaginer, assise en position du Lotus, faisant le vide dans mon esprit ?

C'est bien mal me connaître, je suis totalement incapable de rester en place plus de cinq minutes, et j'ai toujours besoin d'une ambiance bruyante autour de moi pour me sentir bien. En bon psychologue, il a dû percevoir mon hésitation, car d'une voix se voulant amicale, il essaie de m'encourager :

— Il n'est pas question d'assister à des cours de méditation en restant étendue sur une planche à clous. Rassurez-vous, je pensais juste à des séances de relaxation. Par chance, je connais personnellement un très bon professeur donnant des cours basés sur la respiration. Comme je vous l'expliquais tout à l'heure, nous sommes souvent en train de cogiter pour rien, et cela provient la plupart du temps de notre ego. Par tous les moyens, nous devons lui clouer le bec, et la meilleure façon d'y parvenir, c'est d'apprendre à se concentrer sur son souffle. Vous parviendrez ainsi à vous détacher de toutes les pensées obsessionnelles qui tournent parfois dans votre tête. Il s'agit d'une sorte de gymnastique permettant d'être davantage dans l'instant présent. Plus vous pratiquerez ce type d'exercice, et mieux vous arriverez à contrôler ces ruminations totalement stériles.

Je ne me sens pas très convaincue par son projet, mais ne voulant pas paraître trop négative pour cette première visite, je lui demande d'une voix neutre :

— Et vous pouvez me donner les coordonnées de

votre gourou ?

Après avoir récupéré le numéro de téléphone dans son agenda, il l'inscrit sur un post-it qu'il me tend avec un sourire légèrement moqueur.

— Essayez tout de même d'assister à une ou deux séances, puis revenez me voir. Nous ferons le point ensemble, et si jamais cela ne vous convient pas, nous tenterons autre chose.

— Du genre une séance d'hypnose ?

Faisant mine de ne pas entendre, il se lève et m'accompagne jusqu'à la porte. Tout en me serrant la main, il m'encourage d'une dernière parole :

— Surtout, gardez confiance, vous allez très bien vous en sortir !

Sur le chemin du retour, j'essaie de remettre un peu d'ordre dans mes idées. Des bribes de conversation me reviennent en mémoire, mais je ne retrouve aucune allusion à mes crises de jalousie. Je n'en reviens pas, nous avons discuté pendant plus d'une heure, et nous n'avons même pas abordé ce sujet qui me pose tant de problèmes. Décidément, les voies de la psychologie sont bien étranges.

10 – Les bonnes résolutions durent peu

« … Et ça continue encore et encore.
C'est que le début, d'accord, d'accord.
Quelque chose vient de tomber
sur les lames de ton plancher. »

Francis Cabrel ; Encore et encore

Il est tout juste vingt heures trente, j'entends la clef de Marc tourner dans la serrure. Surtout, ne pas céder à ce besoin de poser des questions, rester dans le présent, et profiter du bonheur d'être ensemble. Les conseils du psychologue me reviennent en mémoire, et j'essaie de toutes mes forces de canaliser mes pensées et de chasser mes idées noires. Pour m'encourager dans cet exercice pas très naturel pour moi, j'écoute mon disque préféré de Francis Cabrel.

Dire qu'avec mon chéri, nous ne nous sommes pas revus, pas même téléphonés depuis cette querelle à propos d'une photographie. Les doutes sont toujours là dans mon cœur, et je les repousse pour ne pas gâcher les instants précieux de nos retrouvailles. La porte s'ouvre, il apparaît souriant, comme si de rien n'était. Sans un mot, il me prend dans ses bras et m'embrasse amoureusement. Je me laisse faire, mais au fond de moi, j'ai l'impression de jouer une comédie. Pour dissimuler ma gêne, je demande :

— Tu as fait bonne route ?

— Oui, mais c'est long, tu sais !

— Prends une douche chaude pour te détendre, si tu veux. Pendant ce temps, je finirai de préparer à manger.

— Bonne idée. Je t'adore !

J'essaie de recréer l'ambiance de nos petits repas d'amoureux, en décorant la table, en allumant quelques bougies. Le cœur n'y est pas. Toute mon attention est employée à repousser les sombres pensées qui rodent au fond de ma tête, prêtes à surgir à la moindre occasion.

— Tu avais raison, ça fait du bien ! Rien de tel qu'une douche bien chaude pour décontracter les muscles du dos et évacuer le stress de la route. Dis-moi, tu as l'air tendue toi aussi, tu as des soucis ?

— Non, non, rien. Juste un peu de fatigue. Installe-toi, c'est prêt !

Durant le repas, il me retrace les deux semaines passées au loin. Son travail, bien entendu, mais aussi de longues balades pour profiter du soleil, et pour découvrir cette jolie région où il habite actuellement. En l'écoutant, j'ai l'impression de ne pas lui avoir manqué. Il s'est organisé une petite vie de célibataire qui semble parfaitement lui convenir. Je ne peux m'empêcher de le lui faire remarquer :

— Tu as l'air de bien supporter ces périodes de séparation. Tu as la belle vie, toi !

— Serait-ce des reproches ?

— En fait, tu es libre comme l'air. Pendant que je reste à la maison pour m'occuper des enfants, toi, tu fais ce que tu veux. Tu as peut-être une double vie, et moi, je suis là à t'attendre, comme une bonne poire !

Il me regarde sans rien dire, les yeux écarquillés, presque effrayé. Sous la pression de la colère devenue incontrôlable, je ne peux m'empêcher d'insister lourdement :

— Quoi que tu en dises, je suis certaine qu'il y avait quelqu'un avec toi pour prendre la photo. Et si tu ne veux pas en parler, c'est que tu as des choses à me cacher !

La frayeur, lisible sur son visage, laisse place à de l'incompréhension. De mon côté, je ne sais plus trop où j'en suis. Les choses se troublent dans mon esprit, et face à son calme, mes accusations paraissent grotesques. Un profond sentiment de gâchis commence alors à m'envahir. Après un interminable silence, il prend enfin la parole :

— C'est assez étonnant, on dirait que tu déverses sur moi des monceaux de reproches accumulés depuis deux semaines. Comme si, depuis mon dernier message, tu n'avais pas arrêté de ressasser ces mauvaises pensées dans ta tête.

— Tu es marrant toi. Tu crois que c'est facile de vivre à plus de cinq cents kilomètres de son chéri, de ne pouvoir parler de mes doutes à personne, et de ne pas trouver de réconfort quand je me sens seule face à mes peurs ?

— Je ne te dis pas le contraire. Juste, j'essaie de me protéger de ce flot de venin que tu me craches à la figure. En fait, au lieu de me croire sur parole, tu préfères imaginer toutes sortes de fables incroyables.

— Excuse-moi, mais j'avais quand même quelques raisons de douter. Non ?

— C'est bien ce que je te dis, me répond–il, tu préfères écouter tes doutes plutôt que la simple vérité. Tu sais quoi, cela me fait penser à cette discussion qu'on avait eue un soir, au sujet d'Eve dans le jardin d'Eden !

Je le regarde, les yeux écarquillés, ne comprenant pas trop où il veut en venir. La tension retombe un peu entre nous, et il en profite pour m'entraîner jusqu'au canapé.

— Viens t'asseoir, on sera mieux pour discuter.

Une fois assis, il garde ma main dans la sienne en continuant à parler :

— Tu te souviens, on buvait l'apéro dans un petit resto en attendant qu'une table se libère.

— Ah oui, et Sheila chantait. D'ailleurs, tu ne reconnaissais même pas sa voix.

— Si je la reconnaissais. Seulement je n'étais pas très sûr de moi. C'était les paroles qui me troublaient, j'avais du mal à imaginer Sheila parler d'Adam et Eve.

— Ah je vois, toujours ces vieux aprioris !

Il éclate de rire. Dire que cinq minutes plus tôt, nous étions en train de nous écharper. C'est incroyable, dès qu'il est là, toutes mes idées noires s'envolent. Mon cœur redevient léger, et la joie de vivre reprend le dessus. Tendrement, je me serre contre lui. Sans rancune, il passe un bras autour de mes épaules et poursuit :

— A cause des paroles de cette chanson, on en était venus à parler du serpent qui cherchait à séduire Eve. Il susurrait des paroles flatteuses à son oreille pour la faire douter. Il voulait la convaincre de mener sa vie toute seule, sans avoir besoin de suivre les conseils de Dieu.

En l'écoutant, le souvenir de cette étrange histoire me revient en mémoire. Je revois parfaitement la scène, nous étions assis devant un bar, et cela nous avait fait bien rire de discuter d'un sujet aussi sérieux dans ce genre d'endroit. Aujourd'hui, la situation est totalement différente, mais je me sens toujours aussi bien quand il me raconte des histoires de la Bible. Blottie contre lui, je commence enfin à me détendre.

— Le serpent était tellement malin, poursuit-il, qu'Eve a fini par le croire. Une fois convaincue, elle a réussi à persuader Adam de désobéir à Dieu. N'ayant plus besoin de ses conseils pour se diriger dans la vie, ils se sont retirés de sa présence, et ont suivi leur propre destinée. Comprends-tu où je veux en venir ?

J'acquiesce d'un signe de tête pour le laisser poursuivre. En réalité, je ne vois pas trop le rapport avec notre situation actuelle.

— Personnellement, insiste-t-il, je trouve que l'image du serpent représente assez bien nos cogitations mentales. Lorsque je suis arrivé tout à l'heure, j'ai senti un nuage de mauvaises pensées flotter au-dessus de toi. Comme si à force de ressasser des idées noires, tu avais amassé une montagne d'énergie négative dans ta tête. Quand tu as ouvert la bouche, tout ce poison s'est déversé sur moi au risque de tout détruire entre nous. En fait, comme le serpent a semé le doute dans le cœur de Eve, toutes tes ruminations ont mis le doute en toi.

— C'est bien gentil, mais quand on a des doutes, c'est normal de s'inquiéter !

— S'il y avait vraiment des problèmes, tu l'apprendrais en temps utile. Il y a plein d'exemples d'adultère ayant été mis à jour de façon inattendue, même dans la Bible. Le plus connu est celui du roi David avec la belle Bethsabée. De nos jours, ça arrive encore. Pense à Hollande, ou aussi à la terrible affaire

DSK. Quoique pour eux, il suffisait d'être à l'écoute de BFM-TV pour être informé, précise-t-il en riant.

— En résumé, si tu me trompes, Je devrais finir par le savoir ?

— Disons que si tu es pleinement dans le présent, si ton mental n'est pas occupé à résoudre des problèmes existentiels, personne ne pourra te mener bien longtemps en bateau !

Je n'en reviens pas, c'est la deuxième personne en peu de temps qui me conseille de vivre dans l'instant présent. Je profite de la perche tendue pour lui révéler ma visite chez le psychologue. Sur le moment, il tique un peu, une légère lueur de contrariété traverse son regard. Insensiblement, il se redresse, se tourne vers moi, et prend clairement une attitude d'écoute. Je lui raconte dans le détail le contenu de notre entretien, et comment le psy a réussi à me faire parler en créant un climat de confiance. Je lui explique sa manière très naturelle d'aborder des sujets tout à fait anodins, avant de s'attaquer au fond du problème. Je revois très bien la situation. Ce petit bonhomme rondouillard, à la mine réjouie, assis confortablement en face de moi, et prêtant une oreille attentive à l'évocation des principales anecdotes de mon passé. A présent, c'est Marc qui est assis là, à côté de moi, à m'écouter attentivement.

Voyant tout l'intérêt porté soudain à ma petite personne, l'idée saugrenue d'écrire mes mémoires me traverse l'esprit. Je souris à cette pensée, et perds un peu le fil de mon récit. Il en profite pour me demander quelques précisions :

— A part t'aider à retrouver tes souvenirs, il n'a rien fait d'autre ? Il n'a pas essayé de te donner quelques explications sur le comportement de tes parents, ou des conseils sur la conduite à adopter en fonction de telle ou telle circonstance ?

— Si, si, bien sûr ! Il m'a surtout montré le danger de ressasser le passé. Tu sais, quand je me reproche d'avoir laissé mon père s'occuper des enfants, ou venir dans notre maison à n'importe quelle heure de la journée.

— A l'époque, ça t'arrangeait bien un peu !

— Justement, et comme dit le psy, ça ne sert à rien de le regretter aujourd'hui. On ne peut pas changer quoi que ce soit au passé. Et pour l'avenir, c'est pareil, il m'a conseillé de ne plus m'inquiéter quand tu es loin de moi. Je dois arrêter de t'imaginer dans les bras d'une autre, ou de croire que tu vas me quitter pour la femme de ta vie.

— Mais c'est toi la femme de ma vie. Pourquoi j'en chercherais une autre ?

— C'est ce que je lui ai expliqué, et du coup, il m'a

conseillé de profiter du présent au lieu d'envisager toujours le pire.

— Il me plaît bien ton psy. Je vois qu'il a parfaitement cerné le problème. En fait, tu passes consciencieusement à côté du bonheur, comme si cela te faisait peur. Tu préfères aller fouiller dans le passé au lieu de te contenter du plaisir d'être avec moi.

— On croirait l'entendre parler !

Décidément, quelque chose m'échappe. Une évidence que je dois être la seule à ne pas voir. Pour essayer d'avancer un peu, je lui confie :

— Tu sais l'autre jour, il a essayé de résumer la situation. D'après lui, ce serait notre ego qui provoquerait toutes ces cogitations inutiles. Mais à vrai dire, je n'ai rien compris.

— L'ego ce n'est pas facile à définir. Comme l'expliquait ton psy, ça nous empêche surtout de vivre dans l'instant présent. En réalité, c'est simplement le mental qui se met à cogiter pour résoudre des problèmes qui le dépassent, comme de chercher le sens de la vie.

— Ah bon ?

— Oui, il veut s'occuper de choses trop compliquées pour lui. Normalement, le mental est juste là pour régler les problèmes pratiques de la vie courante, alors que l'ego c'est le serpent qui détourne Eve de son Créateur en lui conseillant de se débrouiller toute seule.

— C'est plutôt bien, non ?

— Pas vraiment, car sans Dieu, sans ses conseils, l'être humain est totalement perdu. Il passe son existence à tourner en rond. Heureusement pour nous, notre âme est là pour nous guider, elle est parfaitement à l'aise dans le monde spirituel. C'est elle qu'il faut écouter en apprenant à lui faire confiance.

— Personnellement, je ne l'ai jamais entendue !

— Pourtant, elle te parle régulièrement à travers tes émotions, les joyeuses comme les tristes.

— Même à travers la jalousie ?

— Bien sûr, car ton âme a certainement quelque chose à te dire à ce sujet. Il n'y a pas d'émotion négative. Les émotions nous parlent de notre âme, ou plutôt, c'est notre âme qui nous parle à travers elles.

— Je ne vois pas trop ce qu'elle aurait à me dire avec mes crises de jalousie !

— Peut-être essaie-t-elle de te faire comprendre son besoin de sécurité. Ou alors, elle veut te montrer l'importance qu'elle attache à la fidélité. Mais pour l'entendre, tu devrais commencer par te détendre en profitant du plaisir d'être contre moi, au lieu de ruminer de sombres pensées.

Je lui avoue alors que le psy m'a justement conseillé de prendre quelques cours de yoga pour apprendre à vivre dans le présent. Je suis un peu surprise de le voir m'écouter attentivement sans émettre la moindre objection. Rassurée, je lui raconte tout ce qu'il m'a expliqué sur la concentration, sur l'importance d'apprendre à canaliser nos pensées. Je termine en précisant qu'il m'a donné l'adresse d'un professeur de yoga, pas trop excentrique, dont les cours sont surtout basés principalement sur des exercices de respiration.

— Ça ne coûte rien d'essayer ! dit-il. Peut-être cela pourra-t-il t'aider à profiter davantage du présent, qui sait ? En tout cas, c'est très apaisant de se concentrer sur sa respiration, tu verras. En plus ça aide à prendre conscience de son corps, et à être plus attentif à ce que l'on fait.

Soulagée de le savoir à mes côtés dans cette nouvelle aventure, je l'embrasse de toutes mes forces. Me voilà tout à coup impatiente de commencer les cours. Dire que tout à l'heure, j'hésitais à prendre rendez-vous !

11 – Chassez le naturel, il revient au galop

— Cela fait une éternité depuis votre dernière visite. Vous devez avoir un tas de choses à me raconter ?

Mon psy préféré est égal à lui-même. Toujours aussi jovial, et plein d'entrain, un peu comme s'il m'attendait avec impatience pour commencer un jeu plaisant. Comme lors de notre première rencontre, au début c'est lui qui parle le plus, puis avec beaucoup d'habileté, il m'incite à prendre part à la conversation. Apparemment, il n'y a pas de direction précise, on saute allègrement d'un sujet à l'autre. On dirait qu'il avance sans méthode, se laissant aller au fil de l'eau. Puis, ses questions se font de plus en plus précises, comme si en m'écoutant, des souvenirs de notre premier entretien lui revenaient en mémoire. Je réalise tout à coup qu'il ne prend aucune note. Comment peut-il se souvenir de tous les détails de notre précédente conversation, et ne pas tout mélanger avec les anecdotes de ses autres patients ?

Il ne me laisse pas le temps de mener plus avant mes réflexions, déjà il me pose une nouvelle question :

— Et au fait, ces séances de yoga, ça vous a aidée ?

— Au début, ça surprend un peu. L'atmosphère est très particulière. Tout le monde arbore un sourire un peu figé, les gestes sont lents, le professeur parle d'une voix douce et un peu monocorde. Ajoutez à cela une musique lancinante aux résonances asiatiques, et vous aurez un bon aperçu de la situation.

— C'est sûr, quand on n'est pas habitué, ça doit bien dépayser un peu !

— Oui, un peu ! Mais ce qui m'a le plus étonnée, c'est la tenue vestimentaire des participants. Personne n'est habillé exactement pareil, et pourtant tous les vêtements se ressemblent : un tee-shirt un peu ample, noir ou blanc, et une sorte de collant épais toujours noir, avec par-dessus une paire de chaussettes blanches. La première fois, j'étais la seule à porter de la couleur, et sans que personne ne me fasse la moindre remarque, j'ai adopté spontanément l'uniforme noir et blanc lors des séances suivantes.

— Me racontez-vous cela pour souligner le comportement parfois bizarre des adeptes du yoga ? me dit-il sur un ton amusé. Vous n'avez tout de même pas imaginé que j'avais l'intention de vous enrôler dans une quelconque secte, j'espère ?

Je souris pour le rassurer, voyant bien qu'il ne prend pas trop au sérieux ces considérations. Pour éviter toute ambiguïté, il précise tout de même qu'il me trouve un caractère bien trop coriace pour me laisser endoctriner dans la première secte venue. Réalisant certainement que nous nous aventurons sur des terrains glissants, il reprend en main notre entretien :

— Revenons-en à nos moutons. Je suppose que vous ne vous êtes pas arrêtée aux simples apparences ? L'essentiel du yoga se situe plutôt dans les différentes postures du corps et dans le contrôle de la respiration. Racontez-moi vos progrès, et comment le professeur s'y est pris pour vous intégrer à son groupe en cours d'année.

Je lui explique comment, dès le début, tout le monde m'a accueillie avec beaucoup de gentillesse. Mes voisins m'aidaient à prendre les bonnes postures avec une patience peu commune dans notre société où règne habituellement l'individualisme. A la fin de la première séance, le professeur est venu me voir, et m'a donné un petit cours particulier sur la bonne utilisation du souffle dans la pratique du yoga. Très vite, cette nouvelle technique de respiration m'est apparue toute naturelle, et je l'ai adoptée sans problème. Grâce à elle, je sentais mon torse se décontracter, les muscles de tous mes membres se détendre les uns après les autres. Dès la troisième séance, je me suis sentie bien dans mon corps, mais aussi, paisible dans ma tête. A chaque expiration, j'avais la sensation d'évacuer les tensions du plus profond de mon être. Le professeur n'en revenait pas des progrès accomplis en si peu de temps, et il m'a encouragée à continuer, d'autant plus, disait-il, qu'étant naturellement souple, j'aurais beaucoup de facilité à accomplir les principales postures. En conclusion, j'en profite pour remercier le psy de m'avoir conseillé une telle activité :

— Grâce à vous, je me sens plus légère, peut-être même plus gaie ! Même si ça ne résout pas tout, depuis que je pratique le yoga, je me sens mille fois mieux. Je suis beaucoup plus consciente de mon corps et si des tensions apparaissent, j'arrive assez vite à les dissiper.

— Vous ne pouviez pas me faire davantage plaisir en me disant cela ! J'espérais que cette pratique vous aiderait à être plus sereine, mais là vraiment, ça dépasse toutes mes espérances !

Je tempère un peu son enthousiasme en lui avouant que ça n'a tout de même pas résolu tous mes problèmes :

— Pendant les cours, j'arrive assez facilement à me concentrer sur mon souffle pour chasser toutes les tensions musculaires, ou à laisser mon esprit suivre la musique pour échapper aux pensées parasites. Pourtant, quand je suis seule à la maison, je ne peux pas rester en permanence assise en position du lotus, centrée sur ma respiration en attendant que mes idées noires disparaissent.

— Bien sûr, le yoga ne va pas tout régler, c'est entendu. Par contre, il devrait progressivement vous aider à prendre du recul face à vos émotions négatives pour les empêcher de vous submerger. Il n'est pas question de nier la réalité, mais il faut pouvoir garder un certain calme intérieur. Vous pourrez alors utiliser votre volonté pour prendre le dessus sur ces fameuses crises de jalousie, avant qu'elles n'envahissent votre esprit. Répétez-vous régulièrement que vous êtes parfaitement capable d'y arriver, et à force, vous prendrez le dessus tout naturellement.

Malheureusement, je ne suis pas seulement jalouse, bien d'autres émotions me font la guerre. Pour lui permettre de saisir l'ampleur du problème, je lui décris la dernière empoignade avec les enfants :

— Tout a commencé par une broutille, comme souvent. Ils étaient tous les deux vautrés sur le canapé à regarder une émission sans grand intérêt, quand le plus grand a saisi la télécommande pour changer de chaîne. Evidemment, sa sœur s'est mise à crier, et très vite, ils en sont venus aux mains. Comme je ne supporte absolument pas la violence, je suis intervenue pour les séparer, mais autant vouloir écarter deux chiens enragés. Tant et si bien qu'à la fin, le ton est monté, je me suis mise à crier à mon tour, et j'ai fini par donner une gifle à ma fille qui venait de jeter la télécommande par terre dans un accès de rage. Vous vous rendez compte, c'était le comble. Je suis toujours en train de leur faire la morale pour éviter les coups, et là, c'est moi qui ai frappé ma petite chérie !

— Vous savez, parfois il est bon de marquer physiquement les lignes rouges à ne pas dépasser. Même si en général, il vaut mieux éviter de donner une gifle. Utilisée à bon escient, cela peut s'avérer salutaire en ramenant le calme dans la famille.

— Mais justement, ce n'était pas à bon escient !

J'essaie alors de lui expliquer l'échec que cela représente pour moi. Je lui épargne le couplet sur l'aveu d'impuissance, être réduite à donner une gifle à une gamine pour arriver à la calmer. Non, pour moi le problème est beaucoup plus profond. Tant bien que mal, j'essaie de lui faire comprendre :

— Cela me fait l'effet d'un énorme gâchis. Mes enfants vivaient heureux, rassurés par la présence de leurs deux parents. Ils s'amusaient souvent ensemble, et ne se faisaient pas de soucis pour l'avenir. Tous les quatre, nous formions une petite famille modèle et beaucoup de gens nous enviaient. Et moi, j'ai tout fait voler en éclats. Maintenant, les enfants sont déchirés entre leur père et moi. Ils passent leur temps à se chamailler et je suis complètement incapable de maintenir un minimum d'ordre à la maison. Et tout ça pour suivre un homme en qui je n'ai même plus confiance !

— Vous vous faites beaucoup de mal en remettant en question tous vos choix passés pour une simple dispute entre deux gosses.

— Mais c'est à cause de ces choix, à cause d'un coup de tête, à cause de mon divorce que mes enfants en sont arrivés à se détester. Quand je contemple ce désastre, je ne peux pas m'empêcher de me sentir responsable. Et alors tout se met à tourner dans ma tête, les meilleurs souvenirs deviennent des remords, et les anciennes convictions se transforment en regrets. Plus rien ne peut arrêter ce brouhaha à l'intérieur de ma tête, pas même le yoga. L'autre soir, j'ai essayé de prendre du recul en me retirant dans ma chambre. Je me suis forcée à respirer lentement, mais je n'ai pas réussi à me concentrer sur mon souffle pour retrouver un peu de sérénité. Mes pensées continuaient à tourner malgré moi, c'en était désespérant.

— Les émotions qui vous atteignent sont encore trop violentes pour être dominées. Il faut travailler davantage sur votre passé, vous manquez trop de confiance en vous. Le yoga va certainement vous aider à mieux vivre votre fragilité inhérente, Cependant, il ne pourra pas tout réparer.

— C'est trop tard pour réparer quoi que ce soit ! Le mal est déjà fait…

— Oh là là, on se calme !

Il s'est levé d'un coup. Son sourire habituel a disparu, laissant place à un visage aux traits durcis. Ses yeux semblent lancer des éclairs lorsqu'il me dit :

— Une chose après l'autre, sinon on ne va pas y arriver. Vous mélangez tout : les regrets du passé, la peur de l'avenir, l'échec du présent, l'éducation des enfants, la confiance en l'autre ! Vous ne pourrez ni progresser, ni rien régler en agissant ainsi. Votre ego vous réduit en esclavage et vous fait tourner en rond. L'intérêt du yoga, c'est de vous aider à prendre du recul par rapport à toutes ces pensées envahissantes. Il vous faut absolument persévérer dans ce sens, sinon nous n'arriverons à rien. Ensuite, il nous faut trouver l'origine de ce manque de confiance chronique qui vous fait douter de vous à la moindre difficulté.

Il parle à présent comme un médecin faisant un diagnostic, dictant avec autorité une ordonnance médicale. Tout à coup, j'ai l'impression de me retrouver à la place d'un malade ayant besoin d'un traitement efficace pour guérir. Le choc est terrible. Jusque-là, je venais un peu en visiteuse pour discuter de mes soucis, et je trouvais tout à fait normal de me débattre de temps en temps avec des idées noires. Pour moi, cela faisait partie du quotidien. Mais lui ne l'entend pas de cette oreille, il me voit comme une patiente avec de vrais problèmes à soigner. Un peu déconcertée par cette prise de conscience, je l'écoute poursuivre ses recommandations d'une oreille distraite.

— Vous devriez faire une liste de tous les souvenirs positifs de votre enfance, et une autre des négatifs. Ensuite, il faudrait faire un peu la même chose pour le présent : d'un côté vos atouts, de l'autre vos manques.

Puis, nous traiterons un problème après l'autre, et nous essaierons ensemble de démêler ce fouillis mental.

Il est tout simplement en train de me demander d'accomplir les deux choses dont j'ai le plus horreur au monde : me replonger dans mon passé et faire des listes. Et tout cela, à cause des conseils d'une collègue de bureau. Depuis, des tas de mauvaises pensées enfouies au plus profond de mon cœur n'arrêtent pas de remonter à la surface pour venir me troubler. Et maintenant, ce psy me demande de creuser davantage, comme si je n'allais pas déjà assez mal comme ça !

La séance doit toucher à sa fin, car il se lève et se dirige lentement vers la porte. Il a retrouvé son sourire tranquille, et toute trace de contrariété a disparu de son regard. Il me serre la main, et me salue avec la même expression d'encouragement utilisée la dernière fois :

— Surtout, gardez confiance, vous allez très bien vous en sortir !

Ce doit être sa formule habituelle pour réconforter ses patients.

A peine dehors, un profond sentiment de solitude m'envahit. L'impression de me retrouver seule face à tous mes problèmes. Dans ces cas-là, une seule solution s'impose : se changer les idées en se faisant dorloter. Sans plus attendre, je téléphone à ma coiffeuse préférée, et accepte le premier rendez-vous disponible.

12 – Les émotions sont bonnes conseillères

Ma coiffeuse attitrée a dû prendre du retard. Elle est encore occupée à égaliser les cheveux d'une cliente. Au fond de la pièce, sa collègue finit de rincer ceux d'une mamie. Le salon étant trop étroit pour posséder une salle d'attente, on peut patienter sur le fauteuil situé devant le bac à shampoing, sinon on va faire quelques courses, et on revient un peu plus tard.

Sandra, avec qui j'ai rendez-vous, pose ses ciseaux, et vient me saluer. Elle s'excuse de son retard, et m'assure en avoir pour une dizaine de minutes au plus. N'ayant rien de particulier à acheter en ville, je lui assure préférer attendre sur place. Elle me propose gentiment de m'installer à côté d'elle tant que la place est encore vide, l'autre cliente n'en ayant pas encore fini avec son shampoing. On est loin des établissements à la mode où une nuée de vénus maniérées s'affairent dans un décor de miroirs savamment agencés. Ici, les plans de travail sont encombrés de brosses ou de peignes aux formes étranges, et les étagères ploient sous une multitude de flacons à moitié vides. Le sol est parsemé de cheveux, et même sur les fauteuils quelques mèches témoignent de précédentes coupes. Par contre, pas besoin de la moindre musique d'ambiance pour favoriser la détente des usagers, chez Sandra la simplicité est vraiment naturelle, et le bagou des deux coiffeuses suffit amplement à entretenir l'animation. En réalité, c'est certainement pour cela que je reste fidèle à un endroit aussi vieillot d'apparence.

La dame à côté de moi doit être une habituée car la patronne la tutoie très naturellement. Elles se parlent sans manières, comme de vieilles connaissances, et même sans le vouloir, j'entends distinctement leur conversation. Depuis quelques minutes, je perçois surtout la voix de la cliente, Sandra devenant de plus en plus discrète, contrairement à son habitude. L'autre, lui raconte sans la moindre pudeur ses déboires sentimentaux. Elle paraît très affectée en décrivant dans le détail le comportement ambigu de son compagnon lors d'une rencontre avec son ex-femme :

— A l'époque, quand il avait quitté son épouse, cette dernière l'avait très mal vécu, espérant contre toute évidence le récupérer un jour. Samedi dernier, au cours d'une messe d'enterrement d'un ami commun, nous nous sommes retrouvés tous les trois, mon compagnon, son ex-femme et moi-même, dans l'église, assis côte à côte au premier rang. Au moment de la bénédiction du cercueil, alors que toute l'assemblée se levait, je les ai vu se tenir tendrement par la main. D'abord très choquée par cette attitude, j'ai fini par me raisonner, considérant qu'il valait mieux se taire. Tandis que la messe se poursuivait, je m'en suis voulu de mon manque de compassion. Dans une situation aussi dramatique, comment pouvais-je être jalouse d'un geste aussi banal ?

En avouant cela, la cliente a du mal à contenir son émotion. Sa voix devient chevrotante, et elle préfère s'interrompre le temps de retrouver son calme. Après quelques instants de silence, n'obtenant aucun encouragement de la part de Sandra, elle reprend son récit, mais avec beaucoup moins de détails :

— Une fois au cimetière, explique-t-elle, le scénario

précédent se reproduisit à l'identique. Quand il fut question de jeter une poignée de terre sur le cercueil, l'ex-épouse posa tendrement la tête sur l'épaule de mon compagnon qui la laissa faire. En les observant, j'eus de nouveau un pincement au cœur que j'essayai d'étouffer de mon mieux. De retour à la maison, je n'osai même pas en parler à mon compagnon, honteuse d'avoir ressenti autant de jalousie dans de telles circonstances.

Depuis un bon moment, Sandra l'écoute d'une oreille distraite, se concentrant sur ses ciseaux de peur de laisser paraître sa contrariété. Tout en travaillant, elle m'adresse de temps en temps des regards dubitatifs. La cliente semble un peu dépitée par le manque de réaction de la coiffeuse. Dès lors, elle se contente d'observer silencieusement, dans la glace lui faisant face, les ciseaux tailler avec précision sa longue chevelure. A la fin de la coupe, elle exprime sa satisfaction d'un commentaire succinct, puis paye à la caisse avant de sortir en nous saluant poliment.

Sandra me demande alors de me déplacer vers le bac à shampoing qui s'est libéré entre temps. Après avoir enfilé la traditionnelle blouse de protection, je m'installe dans le fauteuil, calant prudemment ma tête contre le baquet de lavage. Sandra connaît parfaitement mes habitudes, et une fois le rinçage terminé, elle rassemble le matériel nécessaire pour préparer une couleur avant de m'inviter à changer de place. Elle sait exactement la teinte qui me convient, préparant la fameuse mixture sans l'ombre d'une hésitation. Les gestes sont précis, presque automatiques. Une fois tout terminé, elle se place derrière moi, et m'adressant un regard enjoué dans le miroir, elle me lance :

— A nous deux, maintenant ! Excusez-moi encore pour le retard, je suis vraiment désolée.

Je lui réponds, par l'intermédiaire du miroir, d'un sourire compréhensif. Alors débute la longue séance de coloration. Pendant qu'elle étale le produit, mèche après mèche, elle ne peut s'empêcher de commenter le récit de l'autre cliente :

— Vous vous rendez compte, se torturer de la sorte, juste parce qu'on se trouve dans une église. La religion a fait bien du mal en culpabilisant les pauvres gens. Moi à sa place, je serais sortie en entraînant mon mari par la main, et il aurait entendu parler de moi !

A présent, je comprends mieux le sens de ses clins d'œil insistants tout au long du récit de la cliente, et lui demande la raison de son exaspération. J'aperçois alors dans la glace son regard devenu tout à coup plus sérieux. Elle a cessé de passer le colorant, et les bras ballants, elle semble réfléchir. Après un moment d'hésitation, elle pose son pinceau sur une petite desserte roulante, et disparaît de mon champ de vision. Très vite, elle revient, tenant à la main un journal qu'elle me tend, en expliquant :

— Tenez, cela devrait vous éclairer. Vous allez voir, c'est amusant comme coïncidence. Récemment, j'ai lu dans ce magazine un article correspondant parfaitement à notre affaire. J'en ai presque terminé avec votre couleur, vous aurez tout le temps nécessaire pour l'étudier tranquillement pendant que la lotion agit. Par contre, c'est un peu costaud à comprendre, alors installez-vous confortablement au bac à shampoing, vous y serez plus au calme.

Docilement, je retourne à la place précédente, ébouriffée comme un vieux hibou, mon journal à la main. Une fois bien installée, je parcours la revue à la recherche de l'article dont elle m'a parlé. Il s'agit de l'interview d'un psychiatre sur le thème des émotions négatives. La journaliste, menant l'enquête, s'inquiète du désarroi des gens devant la multiplication des ouvrages donnant des avis contradictoires sur le sujet.

A son avis, ils ne savent plus à quel saint se vouer. Le professionnel la rassure en s'efforçant de rester simple dans ses explications. Pour lui, il ne faut surtout pas céder aux modes éphémères, mais fonder sa conduite sur des principes clairs, ayant fait leurs preuves au travers des siècles. Aux questions posées, il répond autant que possible par des exemples concrets, en évitant des démonstrations théoriques, systématiquement ennuyeuses, et souvent incompréhensibles. Les situations évoquées dans l'article sont variées, depuis ces couples où l'un des deux accable l'autre d'une jalousie obsessionnelle, jusqu'à ces patrons qui font régner la terreur autour d'eux à coup de colères imprévisibles. Pour le spécialiste, si les problèmes rencontrés aujourd'hui par chacun d'entre nous sont multiples, leurs causes, par contre, sont facilement identifiables. D'après lui, le malaise ne vient pas des émotions en elles-mêmes, mais plutôt de notre façon de les gérer. On peut toujours se soulager d'une immense tristesse en pleurant pendant des journées entières, malheureusement cela ne fera rien avancer. Lorsqu'une émotion nait au plus profond de nous-même, au lieu de se laisser submerger par elle en la laissant prendre le contrôle de notre être entier, mieux vaut l'apprivoiser. Quand de la colère monte en nous, après avoir été doublé dans une file d'attente par un resquilleur, l'émotion devient palpable. Elle est là, accélérant les battements de notre cœur, nous préparant à l'action. Il n'est question ni de la refouler, ni de lui donner les commandes. Il suffit de la ressentir, de la reconnaître, de l'accepter comme une alerte. Après, à nous de savoir ce que nous voulons en faire. Faut-il reprendre le malotru pour lui apprendre les bonnes manières ?

Vaut-il mieux se taire pour éviter un conflit à l'issue incertaine ?

A chaque situation, une réponse différente. Il n'y a pas si longtemps, on nous conseillait de laisser éclater notre colère. Aujourd'hui, il est davantage question d'apprendre à la gérer, conclut le psychiatre.

En lisant cela, je repense à la réaction de mon père lorsqu'il avait appris mon intention de quitter mon mari. Il était en rage, et sans prendre le temps de s'expliquer avec moi, il m'avait frappée avec une violence effroyable. A présent, je comprends mieux l'importance de reconnaître nos émotions avant qu'elles ne débordent !

Poursuivant son interview, la journaliste interroge notre spécialiste sur les raisons d'une telle évolution depuis quelques décennies. Le professionnel lui répond en se référant aux évènements de 1968. A cette époque, un vent de liberté a soufflé sur la société, touchant tous les domaines, même la psychologie. Des thérapies sont nées dans ces années-là, prônant le besoin de se libérer des émotions négatives, en les exprimant sans la moindre retenue. Il fallait pleurer si l'on était triste, crier si l'on avait peur, et taper sur n'importe quoi pour calmer sa colère. Malheureusement, au fil du temps, on s'est rendu compte que cela ne réglait rien. Plus les gens criaient, et plus ils avaient peur, déclenchant des mouvements de panique, et plus ils frappaient pour calmer leur colère, plus ils devenaient violents. En guise de conclusion, la journaliste lui pose la question classique dans ce genre de magazine : « Alors que conseillez-vous à nos lecteurs ? »

J'en suis là de ma lecture, lorsque Sandra m'interrompt soudainement :

— Allez, c'est à nous. Vous faites une drôle de tête, ça ne vous a pas plu ?

— Si, si, bien au contraire ! Je suis juste surprise des réponses du psychiatre, on a l'impression que pour lui, il n'y a pas d'émotions négatives. Même la colère semble une alliée, prête à nous avertir d'un problème à régler.

— Moi aussi, ça m'a troublée. Bon, je n'ai pas tout

compris, mais aujourd'hui, je ne vois plus d'un même œil ces parents énervés qui frappent leurs enfants à la moindre désobéissance. Avant, je bouillais intérieurement. A présent, j'essaie de me calmer en me persuadant que cela ne me regarde pas.

Me confiant ses états d'âme, elle recommence à étendre méthodiquement la pommade colorée le long de ma chevelure. Durant toute l'opération, nous continuons à deviser comme deux vieilles commères, à propos de toutes ces émotions qui trop souvent nous gâchent la vie. Ensuite, direction « bac à shampoing » pour une nouvelle séance de pause. Au passage, j'en profite pour récupérer le journal. Après avoir feuilleté quelques pages, je retrouve assez facilement la question restée en suspens : « Alors que conseillez-vous à nos lecteurs ? »

Je suis trop impatiente de connaître la réponse du spécialiste. Confortablement calée dans le fauteuil, je reprends ma lecture là où je l'avais abandonnée. Pour lui, il n'y a pas si longtemps, on nous obligeait à refouler nos émotions. Le petit garçon devait retenir ses larmes pour ne pas être taxé de « femmelette », la fillette, ravaler sa colère pour ne pas être traitée de harpie. A présent, c'est tout le contraire. On vante les hommes qui osent pleurer en public, et chacun doit exprimer son ressenti pour paraître épanoui. Pire, on nous laisse sous-entendre qu'à trop retenir nos émotions, on court le risque de tomber malade. Une colère longtemps contenue pourrait se terminer en ulcère de l'estomac, et la plupart des cancers seraient favorisés par un stress intense.

L'article est de plus en plus complexe, et je souris en moi-même à l'idée de lire un tel sujet dans un salon de coiffure. Habituellement, dans ce type d'endroit, les gens ont plutôt un magazine de presse-people entre les mains, et échangent entre eux leurs impressions sur tel ou tel scandale touchant leurs stars préférées. Heureusement pour moi, je suis la dernière cliente de la matinée, et la patronne est occupée avec un commercial dans l'arrière-boutique. Restée seule, j'arrive plus facilement à me concentrer sur mon texte, sans perdre le fil de l'explication. J'en profite pour poursuivre ma lecture.

Comme souvent, d'après le psychiatre, la bonne attitude se situerait entre ces deux positions extrêmes : le refoulement et le débordement. Pour lui, la bonne réponse à la question de la journaliste consiste avant tout à bien identifier nos différentes émotions. Ensuite, à nous d'écouter ce qu'elles ont à nous dire. Cela me rappelle notre voyage à Marrakech. Le souvenir d'être perdus en plein milieu d'un quartier sordide de la vieille ville, en compagnie de mon chéri, me revient en mémoire. A un moment, Marc avait pressé le pas, et m'entrainant par la main, nous avions dévalé ensemble des ruelles étroites en direction du centre-ville. Une fois arrivés, il m'avait confié son appréhension de tomber dans un traquenard. Maintenant, je comprends mieux ce qu'il voulait dire à l'époque, en m'expliquant avoir ressenti une sorte de danger. Même si la menace n'était pas claire, il avait préféré s'éloigner d'un endroit aussi lugubre sans demander son reste. Apparemment, il s'était contenté d'obéir à son ressenti, et pour lui, la meilleure réponse à cette crainte indéfinissable était de fuir sans se poser la moindre question. Sans le savoir, il avait suivi les conseils du psychiatre : identifier l'émotion, puis se laisser guider. J'en suis là de mes réflexions, lorsque Sandra me rejoint pour terminer la couleur en cours.

— Je vous ai un peu abandonnée, excusez-moi ! Un représentant me proposait une nouvelle collection de produits de soins, et je n'arrivais pas à me décider. Promis, maintenant je suis à vous, je rince vos cheveux, et on apprécie ensemble le résultat.

Je me laisse chouchouter, profitant de ce moment de détente où je n'ai qu'à me laisser aller, ne m'occupant de rien. Ses mains me massent lentement la tête provoquant un bien-être qui irradie dans tout mon corps, l'eau tiède ajoutant encore à la sensation de plaisir. J'ai eu raison de prendre rendez-vous chez la coiffeuse pour me délasser. En plus, cet article sur les émotions m'a changé les idées, et sincèrement, depuis ma dernière visite chez mon psy, j'en avais bien besoin. Après avoir séché ma chevelure, elle se place derrière moi, et me fixant dans le miroir, m'interroge du regard sur le résultat obtenu. Je lui souris, en la complimentant :

— C'est parfait, cette fois-ci, vous avez trouvé la bonne teinte !

— Vous savez ce que Coco Chanel disait à propos des colorations ?

Absolument incapable de savoir quoi lui répondre, je lui adresse une mimique interrogative.

— Eh bien d'après elle, la plus belle couleur au monde serait celle qui nous va le mieux !

Je ris de cette délicieuse évidence, et conclut malicieusement :

— Alors, j'ai la plus belle couleur au monde !

Heureuse de me voir satisfaite, elle m'explique avoir noté, la dernière fois, les références des couleurs utilisées. Aujourd'hui, elle a juste diminué une des teintes pour éviter les reflets trop rouges. Je la félicite pour son sens de l'organisation, mais aussi pour son bon goût. Tout en payant, j'aperçois l'heure sur sa caisse enregistreuse. Aussitôt, j'abrège mes compliments, et me dépêchant de remettre mon manteau, je retourne à la maison préparer le repas.

13 – Et si la solution était en Dieu ?

« … Les gens absents,
C'est bien ça l'ennuyeux.
Ils tournent tout le temps
Là devant nos yeux. »

Francis Cabrel ; Les gens absents

— Tu as l'air toute triste ce matin. Un peu comme cette chanson que tu écoutes. Aurais-tu fais un mauvais rêve ?

C'est vrai, je suis mélancolique, mais ce n'est pas à cause d'un cauchemar. Aujourd'hui, c'est la date du sombre anniversaire de la mort de ma mère. Pendant que nous préparons le petit déjeuner, j'explique à Marc les raisons de mon réveil cafardeux :

— Le pire, en fait, c'était de rester des heures, assise à côté d'elle, et de ne rien oser dire. Tu sais, quand une personne est alitée depuis des semaines, et que tout le monde, médecin en tête, est persuadé que la maladie a déjà pris le dessus, ce n'est pas facile de trouver les mots pour rassurer. Le temps passait tellement lentement, elle, somnolant sous l'effet des médicaments, moi, attendant un signe de lucidité dans son regard pour lui sourire. Pendant ces longues heures d'attente, mon esprit vagabondait, cherchant dans l'épaisseur des ténèbres une lueur d'espérance. J'avais mal pour elle, mal avec elle, je sentais en moi la douleur lorsque ses traits se contractaient sous la souffrance. Parfois, je m'entendais crier au plus profond de mon être contre un dieu inconnu qui laissait s'accomplir de telles injustices sans lever le petit doigt, sourd à toutes mes prières.

Je m'installe à la table haute de la cuisine, absorbée par la gravité des souvenirs me revenant en mémoire. De son côté, mon chéri fait griller du pain et prépare le café. Puis, il s'assied face à moi, et verse le liquide fumant dans nos tasses, prêtant une oreille attentive à mes propos peu réjouissants. Mais ce matin, je suis en verve, mon cœur lourd a besoin de s'épancher :

— Quand je pense à toutes ces personnes souffrant sans raison, à toutes ces horreurs de guerre dans des pays déjà en proie à la misère, je ne peux m'empêcher d'en vouloir à ce soi-disant dieu d'amour dont on nous rebat les oreilles à l'église. Comment veux-tu que les gens croient en lui en voyant tant d'injustice autour d'eux ? Pourquoi laisse-t-Il les hommes se débattre avec la maladie, avec la peur ou la faim, et pourquoi ne nous aide-t-Il pas à vivre en paix les uns avec les autres, lui, le dieu d'amour ?

Surprenant le regard étonné que mon amoureux pose sur moi, je m'interromps et avale quelques gorgées de café pour essayer de calmer mon esprit plein de révolte. Il me dévisage, songeur. Puis à son tour, il porte à ses lèvres la tasse fumante, boit un peu, paraissant réfléchir à ce qu'il doit répondre. Un léger pli se dessine sur son front, ses yeux semblent regarder au-delà de moi. Il repose sa tasse, joint ses deux mains, un peu comme un orateur sur le point d'expliquer une idée trop complexe, et me répond avec douceur :

— Je comprends ton indignation, un sentiment d'injustice provoque toujours de la colère en nous. Mais doit-on rendre Dieu responsable de tous nos malheurs ? Si l'être humain en est là aujourd'hui, c'est tout de même après avoir régulièrement rejeté son Créateur. On peut dire que depuis le début de l'humanité nous n'avons pratiquement jamais cessé de nous rebeller contre lui. Chacun veut être libre d'en faire à sa guise, et plus personne ne supporte d'avoir de comptes à rendre à un dieu paraissant tellement lointain. On ne peut tout de même pas lui mettre sur le dos toute la misère du monde !

Il s'interrompt. Il a dû remarquer une mimique sceptique se dessiner sur mon visage. Il me regarde et m'interroge :

— Tu n'as pas l'air convaincue ?

Je lui avoue être un peu troublée par ses explications. Bien sûr, je veux bien admettre que l'homme est responsable des guerres aux quatre coins du monde. Cependant, il y a des souffrances tellement injustes. Je lui raconte le cas d'une collègue de bureau dont la petite nièce, âgée d'à peine deux ans, a appris qu'elle était atteinte d'une leucémie :

— Comment ne pas se révolter contre Dieu ? Comment peut-Il laisser faire cela ? Imagine ta petite fille de deux ans se débattant avec la mort. On peut difficilement la tenir responsable de ce qui lui arrive, c'est bien de l'injustice, non ?

— D'accord, mais faut-il absolument trouver un responsable à chaque malheur ? Chacun réagit comme il peut aux aléas de la vie. Dans ton histoire, ce sont certainement les parents les plus troublés. L'épreuve est d'abord pour eux. Un enfant, de son côté, est-il vraiment conscient de ce qui lui arrive ? N'est-il pas plutôt sensible aux émotions transmises par ses proches ?

Il me jette un petit coup d'œil interrogateur, puis rassuré par mon sourire approbateur, il poursuit :

— Cela me fait penser à la célèbre histoire de Job. Tu sais, ce personnage biblique connu pour sa grande moralité et son respect de la religion. Eh bien malgré tout, il lui arriva une infinité de calamités, deuils et maladies que tu trouverais parfaitement injustes. Pourtant, il supporta ces épreuves avec beaucoup d'humilité, gardant confiance en la bonté de son Créateur. En réalité, ce furent ses amis les plus troublés dans cette affaire. Ils exhortèrent Job à se remettre en question, à se demander pourquoi le Créateur était en colère contre lui. Ils lui donnèrent toutes sortes de conseils sur ce qu'il devait faire ou, au contraire, ne surtout plus faire. Malgré toutes leurs accusations, Job resta convaincu de sa droiture. Il cria sa souffrance, réclamant à Dieu de lui rendre justice pour son intégrité. Puis à court d'arguments, il se plaça devant l'Eternel et attendit patiemment sa réponse. Et là, dans ce silence retrouvé, Il se révéla à lui. Job prononça alors ces paroles merveilleuses, « Mon oreille avait entendu parler de toi, mais maintenant mon œil te voit. »

Comme pour me laisser le temps de méditer cette citation, Marc fait une pause. J'en profite pour nous resservir un peu de café. Entretemps, il a refroidi. Par réflexe je regarde la pendule de la cuisine :

— Tu sais l'heure qu'il est ?

— L'heure de l'apéro, je suppose ? demande-t-il amusé.

— Tout juste, et je n'ai rien à manger. Je pensais aller faire quelques courses dans la matinée. Tout doit être fermé maintenant.

— T'inquiète pas, on va bien trouver quelque chose à grignoter !

Et, joignant le geste à la parole, il ouvre la porte du frigo, et fait l'inventaire du contenu :

— Bon, déjà j'ai trouvé des yaourts. En y ajoutant quelques fruits et des biscuits, on va se concocter un goûter-repas digne d'une recette diététique. Et pour le reste, on mangera mieux ce soir !

Dans un saladier, je vide les yaourts, découpe bananes, pommes et oranges, et mélange le tout avec un peu de confiture de fraises. Tout en coupant les fruits en morceaux, je lui demande pour quelle raison il m'a raconté cette histoire. J'ai un peu de mal à faire le lien entre une petite fille atteinte de leucémie, et les épreuves d'un patriarche biblique.

— En fait, me répond-il, Job ne trouvait aucune explication à l'avalanche de malheurs lui tombant dessus. Dépouillé de toutes ses richesses, de toutes sécurités, réduit à l'impuissance, il prit enfin conscience de sa totale dépendance à Dieu. Ne pouvant plus compter sur lui-même ni sur ses amis, il se tourna vers son Créateur. C'est dans cet abandon, sans la moindre réserve, qu'il trouva, non pas la guérison ou la richesse, plutôt une chose précieuse, la vraie paix, la paix intérieure. Dieu n'était plus pour lui un être lointain, exigeant d'être obéi, mais une présence rassurante demeurant au plus profond de son cœur.

Une nouvelle fois je l'interromps, ne voyant toujours pas le rapport avec la petite fille malade.

— Ecoute, dit-il, Job non plus ne méritait pas tous ces malheurs. Son histoire nous éclaire sur le vrai sens de la prière. Prier, ce n'est pas seulement réclamer une chose dont on pense avoir absolument besoin, comme la santé ou la sécurité, mais c'est surtout prendre le temps d'écouter. En réalité, la prière est un temps de silence et de recueillement permettant d'entendre la pensée de Dieu pour nous. C'est le secret que Job a fini par découvrir en traversant toutes ces épreuves. Seul devant son Créateur, dépouillé de toutes sécurités, il réalise enfin qu'il a tout pleinement en lui. Tous ses questionnements, tous ses « pourquoi », tournant en vain dans sa tête n'ont plus de raison d'être. L'Eternel est présent, et cela seul compte ! Toutefois pour en arriver là, il faut être acculé, incapable de s'en sortir par soi-même. Si les parents de la petite fille avaient su se placer ainsi devant leur Créateur, et tout attendre de Lui, ils auraient été beaucoup plus paisibles. Peut-être auraient-ils alors transmis à leur enfant leur tranquillité d'esprit plutôt que leurs angoisses et leur amertume ? Le dénouement de cette terrible épreuve aurait certainement été tout autre. De même pour ta mère, si au lieu de se retrouver seule face à son cancer, elle s'était vue dans la main de Dieu, elle aurait peut-être gardé espoir et alors...

— Tu connais le dicton, dis-je un peu agacée, « avec des si on pourrait mettre Paris en bouteille ! »

— Oui, bien entendu, me répond-il, aucunement ébranlé par mon ironie. Pourtant, la suite de l'histoire de Job ne nous apprend pas autre chose. Elle nous dit qu'après sa découverte d'un dieu proche et accessible, Job a retrouvé santé, richesse, et encore mieux, une nouvelle famille.

J'écoute avec attention toutes ses explications à propos du texte biblique. Même si certaines notions me restent étrangères, je lui avoue être troublée par son récit. Souvent, j'avais entendu ma mère exprimer son profond sentiment de solitude face à sa maladie. Ni l'attention des médecins, ni la sollicitude des infirmières, ni même ma présence affectueuse ne semblaient rien y changer. Un peu incrédule tout de même sur le dénouement de son histoire, je lui demande :

— Penses-tu vraiment qu'on peut découvrir la présence de Dieu dans le silence de la prière, et crois-tu réellement qu'une telle expérience est à la portée de n'importe qui ?

— Tu sais, ce n'est pas plus compliqué que tes cours de yoga. En apprenant à te concentrer sur la respiration, tu essaies de faire taire toutes les pensées parasites qui envahissent ton esprit. Le but est apparemment de retrouver une certaine paix intérieure, non ? J'ai l'impression que la principale différence entre le christianisme et le yoga tient plutôt à cette notion de solitude dont parlait ta mère.

Voyant mon attention redoubler à ces derniers mots, il reprend sur un ton un peu plus doctoral qui lui va à merveille :

— Je m'explique : dans la méditation orientale, tu peux arriver à maîtriser ton corps et tes pensées pour atteindre une profonde paix intérieure, mais tu es seule face à cette sérénité. Elle t'appartient puisque tu l'as obtenue par ton travail, cependant tu ne peux l'offrir à personne. Alors que la paix provenant de la prière chrétienne repose essentiellement sur la présence apaisante de Dieu. Tu te tiens devant lui, avec tes soucis, tes échecs, tes doutes et surtout ta faiblesse, alors son amour enveloppant t'inonde, te procure une profonde paix intérieure. Il n'y a aucun effort à réaliser de ta part, juste un total abandon entre ses mains. Tu me demandais si cela est à la portée de quiconque, en réalité, même un enfant peut connaître cette sérénité en se tenant devant son Créateur. C'est juste une question de confiance en lui. L'assurance qu'Il nous veut du bien et qu'Il sait ce qui est vraiment bon pour nous. Après une telle expérience, tu ne te sens plus jamais seule, tu perçois sa présence à tes côtés en toutes circonstances. Mieux, tu devines sa bienveillance à travers les différents évènements de la vie.

— Je peine un peu à imaginer ma mère remercier Dieu pour sa maladie.

— Arrête de penser pour les autres. Jamais tu ne pourras te mettre à leur place, jamais tu ne connaîtras les tenants et les aboutissants pour arriver à comprendre la volonté divine à leur égard. Contente toi d'essayer de vivre tout cela à ton niveau. Le plus important pour chacun d'entre nous, c'est d'expérimenter personnellement cette présence de Dieu, le reste est secondaire.

Il me semble avoir déjà tenté de prier dans des moments difficiles, mais autant que je me souvienne, je n'ai jamais vécu pareille expérience. Je me contentais de demander à un dieu lointain de m'aider à sortir de mes problèmes sans vraiment espérer de réponse. Non, j'ai beau chercher dans mon passé, je ne trouve rien de semblable. Devant mon silence qui s'éternise, il me demande :

— Tu te souviens des moines du monastère Del Quiero ?

Je revois les trois religieux recroquevillés dans un coin de l'église en train de réciter des prières sur une voix monocorde. J'acquiesce d'un sourire entendu.

— Te rappelles-tu notre discussion après être sortis de la petite chapelle ?

Voyant une mimique dubitative apparaître sur mon visage, il précise :

— Tu étais un peu remontée contre Dieu. Tu ne comprenais pas qu'il puisse rester sourd aux appels de ces pauvres religieux. Et de fil en aiguille, on en était arrivé à disserter sur la prière.

En l'écoutant, des bribes de conversation me reviennent en mémoire.

— Ah oui, tu m'avais raconté que la prière était avant tout un temps d'écoute.

— C'est tout à fait cela, me dit-il. L'important dans la prière, c'est l'espace de calme que l'on arrive à rétablir en nous. Dans le silence retrouvé, on peut enfin percevoir la pensée de Dieu. Soit on lui fait confiance, soit on cherche nos propres solutions !

Il me regarde d'un petit air satisfait. Je sens qu'il a terminé ces explications, et je l'embrasse joyeusement pour le remercier de ce petit cours particulier. Même si je suis loin d'avoir tout compris, il m'a donné envie de découvrir cette façon très particulière de prier. Je me serre contre lui, et lui glisse à l'oreille :

— Promis, je vais essayer !

A son tour, il m'embrasse tendrement, et m'entraîne vers notre chambre.

14 – La tyrannie de l'ego

Par chance, il n'y a personne dans la salle d'attente. Comme à chaque fois, j'ai peur de croiser une vieille connaissance en entrant chez le psychologue. En venant ici, je ressens au fond de moi un profond sentiment de honte, l'impression d'être anormale, surtout depuis que le psy s'est irrité contre moi. C'est vrai que la dernière fois, je lui avais déballé en vrac toutes mes angoisses sans la moindre retenue.

Toutes les chaises sont libres, j'en profite pour m'asseoir à la même place que lors de mes précédentes visites. Je souris en réalisant que j'ai déjà

mes petites habitudes. Machinalement, je relis le texte
inscrit sur le poster trônant juste en face de moi :

*« L'ego dit : quand tout sera en place, je
trouverai la paix. Le sage dit : trouve la paix, et
tout se mettra en place. »*

A présent, je comprends mieux la réaction un peu
vive du psy. Il doit attacher beaucoup d'importance à
cette citation pour l'avoir affichée dans la salle d'attente.
Je ne peux m'empêcher de faire la moue en pensant
qu'il a dû me prendre pour une folle à ma dernière
visite.

— Vous semblez sceptique. Serait-ce le texte qui
vous contrarie ?

Comme par un fait exprès, c'est le moment qu'il a
choisi pour venir me chercher. J'essaie de sourire pour
cacher mon trouble, et je lui réponds sur le ton de la
plaisanterie :

— On a encore beaucoup de travail, non ?

Il sourit à son tour, et me serre la main avec entrain,
comme à son habitude.

— Bon, si on a du boulot, autant s'y mettre tout de
suite !

A peine assis, il poursuit :

— Si je me souviens bien, vous deviez me préparer une liste de tous vos problèmes passés et présents ?

Je le trouve moins détendu que d'habitude. Il n'affiche plus ce sourire inaltérable lui donnant un air bonhomme, presque jovial. Ne serait-ce pas un peu inquiétant pour moi ?

Il a peut-être décelé une anomalie dans mon état psychologique. Je préfère me rassurer en me persuadant qu'il a certainement des soucis personnels en ce moment. Me calant confortablement au fond de mon fauteuil, je le regarde droit dans les yeux, et le plus sérieusement du monde, je lui explique :

— En fait, je ne suis pas trop douée pour les listes. De plus, revisiter mon enfance, repenser à toutes ces crises entre mon père et ma mère, ce n'est pas trop ma tasse de thé !

— Pourtant, il va bien falloir travailler méthodiquement si nous voulons progresser un peu, dit-il sur un ton légèrement réprobateur.

J'ai l'impression qu'il cherche par tous les moyens à remettre de l'ordre dans mon passé, au lieu de m'aider à trouver la paix. J'ai envie de lui répondre que tout cela me parait en contradiction avec son fameux texte affiché dans la salle d'attente. Mais craignant de voir la séance tourner au conflit, je décide de faire un effort pour lui prouver ma bonne volonté :

— Ecoutez, si je suis ici aujourd'hui, c'est à la suite d'une conversation avec une réflexologue. Elle m'avait conseillé de vous consulter pour régler un problème de manque de confiance, face auquel elle se sentait un peu démunie. Elle était persuadée de ne pas arriver à détendre mon corps tant que ce problème ne serait pas réglé.

— Votre réflexologue avait tout à fait raison, et nous sommes bien d'accord avec son diagnostic. Depuis le début, je ne fais que répéter cela. C'est évident, vous manquez de confiance en vous !

Un peu excédée, et certainement lasse d'entendre encore une fois ce reproche, je ne peux m'empêcher de réagir :

— Vous savez, depuis mon divorce, on m'a traînée dans la boue, on m'a mise plus bas que terre. Mon ex-mari n'a eu de cesse de me rabaisser, et de se servir des enfants pour me culpabiliser. Il a cherché à salir ma relation amoureuse avec mon nouveau compagnon, en la réduisant à une vulgaire affaire de sexe, me reprochant de gâcher l'avenir des enfants pour une histoire sans lendemain. Mon père m'a frappée et traitée de garce. Il a assuré que mes enfants allaient crever de faim, vivre dans un appartement minable, entassés dans la même chambre. Même eux, plus ou moins manipulés par les adultes, sont devenus critiques à mon égard. L'aîné a commencé à me traiter comme une copine et à me parler sans le moindre respect. La plus petite, profitant de la situation, s'est mise à faire caprice sur caprice, m'obligeant à céder à ses quatre volontés. Et pour arranger le tout, mon chéri m'a menti au moment où j'avais tant besoin de m'appuyer sur lui. Comment voulez-vous qu'aujourd'hui, j'arrive à avoir confiance en moi ?

C'est sorti d'un seul trait, un peu comme une femme vide son sac pour chercher ses clefs. La pression couvait depuis trop longtemps. Le psy semble un peu troublé, et visiblement, il cherche à reprendre ses esprits avant de commenter la situation. Profitant de son embarras, je reprends la parole. Sans trop comprendre pourquoi, j'éprouve un besoin pressant de lui raconter cette nouvelle aventure qui me procure à la fois tant de bonheur et tant de souffrance :

— En voyant pour la première fois Marc, un matin de septembre, il s'est passé une chose inexplicable qui a pourtant changé le cours de ma vie. Je suis tombée amoureuse de lui. Depuis ce jour, j'avance dans le présent, mais des fantômes s'immiscent dans mon esprit, et prennent plaisir à me faire peur. En réalité, son passé me hante. Lorsque je suis heureuse, je me sens forte, et je chasse facilement toutes ces idées noires en me laissant guider par mon cœur. A la moindre angoisse, au moindre doute, les fantômes se réveillent. Alors je tremble, et mon esprit s'emballe. Il tente bien de me rassurer en disant : « Ce ne sont que des souvenirs, ne crains rien, je t'aime comme je n'ai jamais aimé auparavant ». Pour moi, le baiser que je lui ai donné au pied d'une statue a modifié ma vie, pour lui, cela semble moins évident. Réellement amoureux de moi, il hésitait pourtant à se lancer dans une telle aventure en compagnie d'une mère de deux enfants. Il se voyait volontiers vivre une relation platonique, faite de lettres, de rencontres, de tendresse. Pourquoi aurait-il changé son confort de célibataire pour une existence compliquée ? Cependant, à partir de ce baiser tout s'est enchaîné très vite, nous étions portés par une force que seul l'amour peut donner. Mais une ombre a surgi de son passé, et s'amuse à me hanter. Il avait quitté une femme après mûre réflexion, bien avant notre rencontre. Seulement, il avait omis de dire qu'ils étaient restés amis, et continuaient à se voir régulièrement. Lui semble certain de ses sentiments. Pour elle, qu'en est-il vraiment ?

— La situation est déjà assez complexe comme ça. Evitons d'ajouter des suppositions invérifiables, sinon nous n'en sortirons jamais !

Mon psy, habituellement paisible, semble perdre patience. Il serait certainement préférable d'arrêter là mes confidences, pourtant, j'ai absolument besoin de vider mon sac une bonne fois pour toutes. Je décide donc de poursuivre mon récit malgré son irritation de plus en plus visible :

— Ce n'était pas des suppositions ! Il a longtemps continué à lui rendre visite les week-ends, avant de mettre fin à cette relation beaucoup trop ambiguë pour moi. Chaque fois que nous sommes heureux, ce fantôme pointe son nez, soufflant le doute en moi. Il était resté ami avec elle pour lui épargner trop de peine, mais à présent, c'est moi qui souffre de cette amitié équivoque. Tout a commencé dès ma première visite chez lui. C'était merveilleux, nous étions à la limite de nous étreindre, et le désir se faisait de plus en plus pressant. Là, en pleins ébats, tandis que nos corps se cherchaient, son téléphone a sonné. Heureusement, il n'a pas répondu. Plus tard, en écoutant le message laissé sur le répondeur, il m'a parlé d'elle sans réellement avouer la place qu'elle tenait encore dans sa vie. J'ai pourtant ressenti des tremblements dans tout mon corps. Depuis ce jour, il reste une certaine méfiance au fond de moi que je n'arrive pas à évacuer, une ombre du passé qui me hante. Lui, pour ne pas me faire souffrir, ne me dit pas tout, m'avouant ses visites seulement si je l'interroge. Et chaque fois, j'ai le sentiment qu'il me cache des choses. Il y a entre nous ce fantôme qui se faufile à la moindre occasion, me murmurant à l'oreille que je ne saurais jamais rien de leurs rencontres. Pour éviter des scènes, il s'enfonce dans de petits mensonges, me laissant chaque fois effondrée. Pourtant, il m'a dit avoir mis de l'ordre dans sa vie. Lors de leur dernière rencontre, il lui aurait fait comprendre qu'il tenait à moi, et qu'il ne la reverrait plus jamais.

Je conclus mon récit en lui demandant s'il saisit à présent d'où me vient cette peur tenace.

— Je comprends bien, me répond-il. Mais pour moi, tout cela semble lié à une perte de confiance dont l'origine est certainement beaucoup plus ancienne.

Un peu désappointée par sa conclusion, je décide de lui révéler un souvenir de jeune fille enfoui au plus profond de mon être. Après tout, cette anecdote pourrait bien être la véritable origine de mon manque d'assurance. Je lui raconte l'aventure dans laquelle je m'étais lancée en toute sincérité. C'était mon premier amour de jeunesse, et à l'époque je m'étais totalement investie dans cette relation, tant j'étais persuadée de sa loyauté. Nous commencions à nous voir régulièrement, et notre liaison prenait un tour plus officiel, avec la bénédiction de ses parents. En racontant mon histoire, les images d'un bonheur romantique me reviennent en mémoire. Je nous revois marchant main dans la main au bord de l'eau, ou dansant tendrement enlacés au rythme de musiques langoureuses. Je lui avais même offert ma virginité comme un précieux cadeau d'amour.

Le psy doit trouver que je m'éloigne trop dans mes rêveries, car il m'interrompt en me demandant comment tout cela s'est terminé. Je lui explique alors la découverte de l'infidélité de mon amoureux, comment je l'ai surpris en compagnie d'une autre jeune fille. En disant cela, des larmes me montent aux yeux, et je peine à articuler les derniers mots. D'une voix redevenue douce, dans laquelle plus aucune trace d'impatience ne transparaît, il essaie de me consoler :

— J'ai écouté avec beaucoup d'attention le récit de votre déception amoureuse. Cette trahison vous a profondément blessée dans la mesure où vous étiez totalement impliquée dans cette aventure. Mais sans chercher à vous contredire, je persiste tout de même à penser que vous n'auriez pas attaché autant d'importance à cette mésaventure, s'il n'y avait déjà eu une fêlure au plus profond de vous-même.

Pour me persuader du bien-fondé de son point de vue, il m'explique qu'au lieu de me laisser détruire par cette trahison, j'aurais très bien pu reprocher à ce goujat ses nombreux mensonges, et le tenir responsable de l'échec de la relation. D'après lui, j'aurais pu évacuer toutes mes pensées négatives sous forme de colère, en les dirigeant contre lui. Cela m'aurait apaisée au lieu de laisser toutes ces rancunes me ronger en aggravant encore mon manque d'assurance. Apparemment, il veut absolument trouver dans mon enfance l'origine de mon mal-être. J'ai beau lui assurer que mes parents ne m'ont jamais trahie, et qu'ils ont toujours su m'entourer d'attention et de tendresse, il persiste dans cette voie. Pour étayer ses convictions, il m'assure que la plupart des formes de jalousies amoureuses prennent racine dans un terrain d'insécurité. D'après lui, nous aurions peur de perdre cette place dans le cœur de l'autre à cause de notre manque de confiance en nous. Fort de cette certitude, il continue à chercher la source de mon problème dans un lointain passé. Pour finir, j'ai la désagréable impression d'y voir de moins en moins clair dans ma vie. Depuis que nous fouillons ainsi dans mes souvenirs, le peu d'assurance qu'il me restait est en train de voler en éclats. Ses dernières paroles à propos de mon passé tournent dans ma tête, et y sèment une extrême confusion. Conscient de mon désarroi, le psy essaie tant bien que mal de me réconforter. Puis, fidèle à son habitude, il se lève et se dirige lentement vers la porte. Après l'avoir ouverte, il me serre la main et me salue en utilisant sa formule de politesse traditionnelle :

— Surtout, gardez confiance, vous allez très bien vous en sortir !

Je lui souris, de mon mieux, et me retire en prononçant un « au revoir » à peine perceptible. Une fois dans la rue, je ris toute seule en repensant à sa formule incontournable. Comment pourrais-je garder confiance en moi, alors que je ne l'ai pas encore trouvée ?

Epilogue

— Tu te souviens, me demande Marc, la dernière fois, on était installés au bar !

— Ah oui, et on écoutait une chanson de Sheila !

Aujourd'hui, nous sommes assis à une table un peu à l'écart. Le patron du restaurant s'est souvenu de nous, et pour se faire pardonner de nous avoir un peu oubliés à l'époque, il nous a placés dans le « coin des amoureux », comme il l'appelle, un petit air malicieux dans le regard.

L'endroit est toujours aussi agréable, l'atmosphère est très détendue, et l'accueil chaleureux. Nous sommes ici pour la deuxième fois seulement, et pourtant, nous nous comportons déjà en habitués. Après avoir commandé le petit bordeaux de la cave personnelle du patron, nous grignotons un assortiment de charcuterie locale en guise d'apéritif. Quelques immenses plantes vertes nous isolent du reste de la salle de restaurant, nous donnant l'impression d'être seuls au monde, avec tout le personnel de l'établissement à notre service. Si à notre première visite nous avions un peu peiné à nous faire servir, ce soir les deux serveuses et le patron sont à nos petits soins. Nous sommes bien dans cet environnement agréable, et le vin aidant, nous plaisantons joyeusement. Marc, très en verve, improvise des histoires sans queue ni tête, et moi, prise dans l'ambiance, je me joins allègrement à lui :

— Tu as vu, de l'autre côté de la rue, il y a une droguerie. Tu pourrais y aller pour acheter un joint. Je voudrais trop voir la tête de la vendeuse quand tu lui dirais, l'air étonné : comment vous ne vendez pas de drogue ?

Bon public, mon chéri sourit, puis trinque à mon humour avant de boire une gorgée de côte de Blaye. A peine le vin avalé, il rétorque :

— Tu n'y es pas du tout, en réalité elle me répondrait : *« Mais, Monsieur, pour les joints, il faut vous adresser à la quincaillerie, un peu plus bas dans la rue ! »*

J'éclate de rire, manquant de m'étrangler avec le vin. Décidément, le petit bordeaux du patron nous tourne facilement la tête. Heureusement, la serveuse arrive avec deux assiettes où trônent d'énormes pièces de bœuf saignantes, agrémentées de quelques légumes de saison. En mangeant, l'effet de l'alcool s'estompe peu à peu, et le souvenir désagréable de ma dernière visite chez le psychologue me revient en mémoire. Je ne peux m'empêcher d'en parler malgré le risque évident de plomber une soirée si bien commencée. Je m'étais pourtant promis d'enfouir au plus profond de moi-même toutes les mauvaises pensées qui tournaient en boucle dans ma tête depuis la veille pour ne pas gâcher notre petit repas en amoureux. Malheureusement, la pression des émotions refoulées est trop forte. Je lui fais part de mon désarroi lorsque j'ai entendu le thérapeute me répéter pour la énième fois que mes problèmes de jalousie venaient certainement d'un profond manque de confiance. Au début, un peu surpris par mes propos, Marc écoute distraitement, puis une moue dubitative se dessine sur son visage. Plus j'essaie d'expliquer mon point de vue, et plus son regard devient sceptique. Un léger pli se dessine au-dessus de ses sourcils, révélant son embarras. Il hésite à prendre la parole, préfère boire une gorgée de vin, la savoure lentement, comme s'il voulait prolonger un peu l'insouciance d'une soirée tellement agréable jusque-là. Je décide de l'imiter, pour lui laisser le temps de se décider. Le bordeaux est particulièrement doux. Lorsqu'il choisit des vins, ils sont généralement onctueux et en même temps légèrement épicés, juste à mon goût. Il en avale une nouvelle gorgée, avant de me répondre :

— Il faut se mettre à la place de ton psy, c'est un peu normal sa réaction. Quand tu lui parles de tes crises de jalousie, tu en rejettes toujours la responsabilité sur tes amoureux. N'importe quel psy va réagir comme le tien, il remontera dans ton passé pour expliquer un problème qui a tendance à se répéter un peu trop souvent.

— D'abord, je n'ai pas eu « des tas d'amoureux », comme « Monsieur » le sous-entend, et j'ai la preuve concrète d'avoir été trompé par le premier d'entre eux. En plus, ce n'était pas une crise de jalousie, c'était une réponse normale à sa trahison !

Comme toujours, je n'ai pas pu m'empêcher de démarrer au quart de tour. Marc sourit, aucunement perturbé par ces réactions épidermiques auxquelles il s'est accoutumé depuis bien longtemps. Le plus calmement du monde, il reprend ses explications en essayant de dédramatiser la situation :

— Il n'est pas question de savoir qui a raison ou qui a tort, il s'agit juste d'essayer de parler ensemble de cette émotion que tu ressens si souvent au fond de toi. Il a certainement raison ton psy lorsqu'il fait allusion à un profond manque de confiance en toi, mais en même temps, cela ne sert à rien de chercher l'origine de cette jalousie, surtout si c'est pour la combattre.

— …

— Tu perds ton temps à ressasser le passé, poursuit-il en voyant que je ne réagit pas le moins du monde. A quoi bon chercher à savoir d'où vient cette jalousie maladive. Personne ne peut répondre à cette question, personne ne détient tous les tenants et les aboutissants pour y voir clair. Tu peux gaspiller ta vie à te demander pourquoi ton compagnon t'a trahie, et parvenir à la fin de ton existence sans avoir trouvé la moindre réponse. La seule chose importante, c'est d'écouter ton âme. Souviens-toi, ce que je t'ai déjà dit au sujet des émotions à Marrakech. Lorsque nous étions à l'intérieur de la vieille synagogue, j'avais ressenti un malaise, une impression de danger.

— Ah oui, et on était partis à toute vitesse !

— Exactement. A ce moment-là, mon âme avait eu peur, et pour l'apaiser, j'avais choisi de fuir. Eh bien, pour ta jalousie, tu dois agir de la même manière. Demande-toi ce que ton âme veut te révéler à travers cette émotion.

— …

— Tu ne vois pas ?

— Disons que la première idée qui me passe par la tête, ça serait la peur de te perdre, de me retrouver toute seule.

En entendant ma réponse, Marc acquiesce d'un mouvement de tête. Il semble d'accord avec moi, toutefois il rajoute :

— Ton âme a certainement besoin de sécurité, mais il semblerait que personne ne soit arrivé à combler ce vide qui est en toi. Comme si l'autre n'était jamais assez présent, assez rassurant. En réalité, seul Dieu peut t'apaiser. Lui seul est toujours présent et capable de te rassurer en toutes circonstances.

Nous restons silencieux, à méditer ses dernières paroles quand la serveuse arrive pour prendre la commande des desserts. Absorbés par notre discussion, nous avions un peu oublié que nous étions au restaurant, et nous mettons quelques instants à retrouver nos esprits avant de lui répondre. Le souvenir d'une délicieuse mousse au chocolat me revient en mémoire, et après lui avoir demandé s'il lui en restait, nous en commandons une. Dès qu'elle a tourné le dos en emportant nos assiettes, Marc reprend la conversation là où nous l'avions laissée :

— A propos de vide intérieur, connais-tu l'histoire du fils prodigue ?

— De nom, mais pas plus. Pourquoi ?

— Tu vas comprendre. Imagine un père et ses deux fils. Le plus jeune lui réclama la part d'héritage qui lui revenait pour voyager à travers le monde, et profiter pleinement de la vie. Il mena grand train, et dissipa rapidement son bien sans vraiment trouver le bonheur. Lorsqu'il eut tout dépensé, il chercha de menus boulots pour survivre, malgré cela, il finit dans une profonde misère. Totalement découragé, il se souvint de la vie heureuse qu'il menait auparavant chez son père. Alors, dans le silence de son cœur, il prit la décision de retourner auprès de lui. Conscient de son échec, il était prêt à demander pardon pour le mal qu'il avait fait, acceptant même d'être traité comme le dernier de ses employés. En le voyant arriver, le père l'accueillit à bras ouverts, et pour fêter son retour, il le fit revêtir d'habits neufs, avant d'organiser une grande fête en son honneur.

Après quelques secondes d'hésitation, je lui avoue ne pas trop comprendre le lien avec notre conversation.

— C'est simple, reprend-il. Après ses nombreux échecs, le fils prodigue se retrouva seul, dans une profonde misère. Aucun des plaisirs auxquels il s'était adonné pendant des années n'avait réussi à le satisfaire. Il se rappela alors le temps où il était heureux dans la maison de son père, et il décida d'y retourner.

— Certes, mais quel rapport avec mon problème de jalousie ?

— Ta jalousie te parle d'un vide que personne n'arrive à combler, tu es d'accord ? Aucun de tes amoureux n'a su te rassurer, et comme je te le disais à l'instant, il en va de même pour le fils prodigue, aucun amusement ne l'a apaisé. Il voulait se débrouiller tout seul, n'en faire qu'à sa tête. Pourtant, la multiplication des divertissements n'a servi à rien. Lui cherchait une solution dans le plaisir, toi dans les relations amoureuses, et l'un comme l'autre, vous avez échoué. Je ne sais pas si tu as remarqué, mais la dernière fois que nous sommes venus dans ce restaurant, notre conversation avait déjà tournée autour de ce sujet.

Je fais un effort pour tenter de me le rappeler. Le souvenir d'avoir parlé d'Eve à cause d'une chanson de Sheila est assez clair, je me souviens aussi de l'histoire du serpent, pour le reste, c'est plutôt vague. De peur de dire une ânerie, je préfère le laisser continuer sans intervenir.

— Souviens-toi, on avait parlé d'Adam et Eve. Je t'avais expliqué qu'ils se croyaient assez malins pour se débrouiller sans Dieu. Du coup, ils avaient quitté le jardin d'Eden, et ils étaient parti vivre leur vie à l'autre bout du monde.

Disant cela, il scrute mon regard comme s'il voulait y déceler une sorte d'assentiment. Je le rassure d'un clin d'œil encourageant. Aussitôt, il poursuit :

— Comme tu peux le voir, le récit d'Adam et Eve n'est pas très différent de celui du fils prodigue, et c'est un peu l'histoire de chacun d'entre nous. Au début, on veut vivre notre vie comme on l'entend, en n'en faisant qu'à notre tête, puis très vite, malgré la multiplication des divertissements, malgré la recherche de plaisirs toujours plus intenses, on prend conscience d'un grand vide au fond de nous. Tant qu'on essaye de combler ce manque par nous-mêmes, on tourne en rond sans vraiment progresser.

— Ah, tu fais allusion à mes visites chez la

réflexologue et chez le psy !

— Entre autres ! Il y a aussi ta quête amoureuse. Rassure-toi, le fils prodigue n'a guère fait mieux. Il lui a fallu des années d'errances avant de trouver la bonne réponse. C'est après avoir touché le fond du trou qu'une évidence s'est imposée à lui : le véritable bonheur était auprès de son père, et jusque-là, il n'avait pas su le voir. Sans plus attendre, poussé par une détermination inattendue, il se mit en route.

— Tu veux dire qu'en fin de compte, c'est ce sentiment d'échec qui nous pousse vers Dieu !

— En tous cas, c'est ce même élan qui poussa le fils prodigue chez son père. Et en arrivant chez lui, contre toute attente, il fut reçu comme un prince. On tua le veau gras pour préparer un festin en son honneur, tous les serviteurs de la maison étaient à ses petits soins, et son propre père l'accueillit à bras ouverts. Etrangement, cette histoire semble compléter celle d'Adam et Eve. Nos lointains ancêtres s'étaient révoltés contre leur Créateur pour suivre leur propre volonté. En s'éloignant de Dieu, ils s'étaient coupés de toute vie spirituelle. De même, au début de sa vie, le fils prodigue a choisi de n'en faire qu'à sa tête. Après de nombreux échecs, totalement désespéré, il a appris à écouter son âme, et elle l'a ramené auprès de son père. Personnellement, je me suis longtemps demandé pourquoi il accueillait avec autant de générosité un fils aussi ingrat.

J'essaie d'imaginer la situation pour trouver une réponse appropriée. Une idée me vient immédiatement à l'esprit :

— Il devait l'aimer comme un père aime son fils, et malgré tout, être heureux de le revoir, non ?

— Bien entendu, approuve Marc. Toutefois, je serais tenté de dire, en plus et surtout, parce que son fils lui faisait confiance. Après s'être rebellé durant toutes ces années, il acceptait enfin de l'écouter. Comblé de joie, le père l'accueillit en le couvrant de cadeaux somptueux. Il en va de même pour notre âme, dès qu'elle se confie en Dieu, elle retrouve tout naturellement sa place, et nous sommes immédiatement enveloppés d'une profonde paix intérieure.

— Tu veux dire que cette paix que je cherchais dans le yoga, je peux la trouver auprès de Dieu ?

— En réalité, dès que tu fais confiance à Dieu, tu es aussitôt inondée d'une paix qui ne te quitte plus. C'est comme un cadeau de bienvenue, à l'image du fils prodigue qui reçut des habits neufs pour prendre part à la fête organisée à son intention. Pour le reste, c'est tout simple, il suffit de se laisser guider en restant à l'écoute de notre âme.

— C'est bien gentil ce que tu me racontes, mais je ne me rappelle pas avoir entendu mon âme me dire : fais ceci, ou bien fais cela !

— Tu sais, l'âme connaît naturellement la pensée de Dieu, et elle essaie de nous la transmettre par tous les moyens. Elle n'arrête pas de nous adresser des messages, or comme cela nous dérange, nous faisons notre possible pour ne pas l'entendre en maintenant un maximum de bruit et d'agitation autour de nous.

Dire qu'il n'y a pas si longtemps, j'étais persuadée d'être seule face à mes problèmes, jamais je n'aurais imaginé que l'on pouvait découvrir au fond de soi une aide aussi précieuse pour se guider dans la vie. Cette idée me donne le tournis. Presque j'aurais envie de tenter une telle aventure !

Marc vient de terminer son dessert, et l'air détendu, il nous ressert un peu de bordeaux. Puis levant son verre, il me propose de trinquer à cette merveilleuse soirée. Sans hésiter une seconde, je saisis le mien, et reprends avec lui :

— A cette merveilleuse soirée !

Je me sens légère, et ce n'est pas seulement l'effet du vin. Savoir que la réponse à tous mes problèmes est là, cachée au creux de mon être, me redonne confiance dans la vie. En plus, finies les visites chez ce psy qui a l'art de me mettre la tête en vrac !

Pris par la gravité de notre conversation, nous n'avons pas vu le temps passer. Un coup d'œil discret me confirme que le reste de la salle est pratiquement vide. Il est grand temps de partir. Dehors, malgré l'heure tardive, la douceur de l'air invite à la promenade. Nous marchons tranquillement dans le silence de la nuit. Je me sens bien, Marc a dû s'en rendre compte car il me serre contre lui et m'embrasse amoureusement. Nous sommes heureux ensemble, et rions comme deux enfants insouciants. Sans raison, une question me traverse l'esprit :

— Au fait, le père avait bien deux fils ? Tu ne m'as pas raconté ce qu'était devenu le deuxième.

— C'est vrai, tu as raison, il y avait bien un autre fils. D'ailleurs, sa réaction en apprenant le retour du frère cadet est particulièrement intéressante. Disons qu'il ne l'a pas aussi bien vécu que son père. Mais ça, comme l'on disait lors des veillées campagnardes, c'est une autre histoire !

A propos de l'auteur

Déjà paru,

Le bonheur coule de source

Pour contacter l'auteur : thierrytx@yahoo.fr

www.ingramcontent.com/pod-product-compliance
Lightning Source LLC
Chambersburg PA
CBHW050505160726
48003CB00001B/171